不会穿衣的教授

名利场生存法则

薛莉 著

浙江大学出版社
ZHEJIANG UNIVERSITY PRESS

图书在版编目（CIP）数据

不会穿衣的教授：名利场生存法则 / 薛莉著. —
杭州：浙江大学出版社，2016.7
ISBN 978-7-308-15877-0

Ⅰ.①不… Ⅱ.①薛… Ⅲ.①社会生活—中国—通俗读物 Ⅳ.①D669-49

中国版本图书馆 CIP 数据核字（2016）第 107612 号

不会穿衣的教授：名利场生存法则
薛 莉 著

策划编辑 徐 婵
责任编辑 杨 茜
责任校对 卢 川
出版发行 浙江大学出版社
（杭州市天目山路 148 号 邮政编码 310007）
（网址：http://www.zjupress.com）
排 版 杭州中大图文设计有限公司
印 刷 浙江印刷集团有限公司
开 本 880mm×1230mm 1/32
印 张 7.875
字 数 146 千
版 印 次 2016 年 7 月第 1 版 2016 年 7 月第 1 次印刷
书 号 ISBN 978-7-308-15877-0
定 价 32.00 元

浙江大学出版社发行中心联系方式：0571—88925591；http://zjdxcbs.tmall.com

目 录

01 一切从排名开始

一切从排名开始

02 不会穿衣的教授

不会穿衣的教授

03 怎样才能更像总监

怎样才能更像总监

04 中国，离奢侈有多远

中国，离奢侈有多远

05 名利场的身份证

名利场的身份证

06 跟着工作漂泊

跟着工作漂泊

01 一切从排名开始

一切从排名开始

经济学家邹恒甫先生每个月在微博上刷新自己的排名，最新的一次是“请看近十年全世界经济学家 11 月份的排名(Ideas/Repec)：邹恒甫第 74 名。祝贺。”

第一次听说邹恒甫先生的这个小癖好，我认真询问了一下他真正的学术地位。毕竟，对于不了解经济学领域的外行人来说，比如我，很容易把这种行为和市面上给钱就能上的《世界名人辞典》之类的排名联系起来。当然，询问的结果往往因为被询问的人而千差万别，很可能有些人还带着强烈的情感因素而有失客观，不像排名那么不容置疑。但大部分人对他学术成果的赞同程度远远超过对这个小癖好的认同程度。尽管权威机构的排名是每个成年人都相当关心的大事，但成年人世界的潜规则是，你可以默默关心，但记得要掩饰自己的真实心情。对这种名利攸关的事表现出过多的热情会显得肤浅并且容易误伤他人,毕竟还有太多的人没出现在那个排行榜上。最正确的做法是,假装从别人那里听说了自己的排名,然后不经意转发到自己微博上,先礼节性地表示兴奋,然后再表示自己并不了解这个排名,最好再对排名冷嘲热讽一下,尽管很可能实际上你也和邹恒甫先生一样,每个月都上人家的官网去刷一下排名。

排名意味着影响力。通常前五名甚至前十名的人并不需要这个排名来坐实影响力,因为他们已经人尽皆知了。但根据我的了解,尽管他们不需要,却也很在乎。他们在乎的是,为什么去年排在自己后面的第六名,今年变成第四名,跑自己前头去了?为前十名的人排名的机构或人士需要很大的勇气和更大的影响力。因为一旦你这么排了,第五名很可能就不愿意出席你的颁奖晚会了。

但第十一名到第一百名就很需要排名来宣告自己的地位。资源有限,会场的 VIP 席位、评奖的奖杯数量、各种商机都很有限。根据二八定律,80%的商机会追寻排在前 20%的人,而 80%的人只能去抢夺那 20%的机会。而根据我的观察,现实生活好像更加残酷,经常是 95%的机会都在追逐那 5%的人,剩下 95%的人只好去抢那 5%的机会。于是,排在第十一名还是第十二名,就变得很重要。最近演员姚晨在一个视频采访中表示,在电视剧《潜伏》播出后的半年中,她推掉了 200 个剧本。当然,这是前五名才有的待遇。但是至少有 20

万名演员在半年中,很可能连一个剧本的面都见不到吧? 挑剧本? 算了吧,有人喊你试镜就很不错了。

不久前我做了一次思想文化界的采访,被采访人多是各个流派的名头很响的人物。因为在文章里介绍他们时,我使用了“代表人物”这个词,从而招致了一些不满,虽然这个介绍并非我首创,而是主流说法。有人写邮件给我,指出“代表人物”的说法并无根据,他(她)质疑道“为什么说他是代表人物,谁封的?”想想也是,思想文化界好像的确没开过代表大会,选举各派的代表,也不像经济学界那样务实,至少还有个排名可以佐证。

由此可见,权威排名还是很重要的,至少不会让公认的一些事落了程序公平的口实。因为名气这个东西,虚无缥缈,既不像财富可以用数字统计,又不像权力可以用等级衡量。更多的名气,都局限在各自的小领域,名气本身的名次,还容易招致争议与口舌。所以才有了排名的强烈需求,而那些能制定出权威排名的机构,也可以名利双收了。

你买过微博粉丝吗？

玩过微博的人大概都收到过这种广告："僵尸粉 1000 个 2 元；仿真粉 1000 个 5 元；顶级粉 100 个 2 元；特级粉 100 个 3 元。"

我有位下海创业的女闺蜜，两年前向我坦承过花了 300 元买了 8000 个粉丝，没头像但偶尔会评论的那种，比现在的特级粉肯定差一两个档次。动机是她作为企业创始人申请了大号，粉丝数太少不好看。照这么看，粉丝市场的低价竞争也越来越白热化了。想成为微博上粉丝数过千万的"大腕儿"，若购买"仿真粉"，成本是 5 万元，据说，粉丝卖家若是遇到这种出手豪气的大客户，也会主动打折，最便宜的万把元即可成交，比在网游世界里称王称霸便宜多了。

买粉丝，一为公司营销；二为吸引真粉；三为满足虚荣；四为能享受互联网名利场的种种福利。比如：一些微访谈等栏目分别为访谈者的粉丝数设了下限,5 万起或 8 万起等等,粉丝数俨然成了数字请柬,一旦过了某个数量级,请柬便在瞬间被激活。所以,不要鄙视那些买粉丝的人,认为他们太虚荣,他们只是比你更现实。

当然,若真的是名人,不需要买粉丝也可以轻松过千万,网站为了吸引你来开微博,会主动送粉丝的。我有位设计师朋友的待遇是,开微博送 3000 粉丝。他只是专业领域的知名人士,若是大众领域的名人,这个数字应该还会加若干个零吧。

若是野心够大,希望自己出现在微博粉丝数前 10 名的名单上,就算是一线明星,可能也得出点血了。毕竟,光靠自拍照、曝隐私、抖机灵,涨粉速度实在是太慢了,跟不上形势啊。

已经很有名的明星买粉丝,为的是"前三名"效应。前三名的商机永远比后七名多好几倍。就算明星本人并不想这么做,经营团队出于公司利益考虑,也会理性地选择这种增粉手段。在生意人眼里,只有性价比,没有耻与荣。如果这种行为在将来会被定义为商业欺诈,那就把违法成本也计算进来。商人计算的是利益,违法行为附带的道德上的耻辱约等于零。

我突然想起一年前出席某个商业活动时,现场突然来了堆看上去很有气势的人,当中被围绕的一位少年我并不认识,听周围的观众说是某个电视选秀的选手。现场观众中倒也有几个人手持写着他昵称的灯牌,叫着他的名字。我早就听说有专门出租真人粉丝的公司,找群众演员扮明星粉丝,收取劳务费。当初听起来很可笑,但现场看起来,的确能对潜在客户形成一种“印象知名度”。毕竟,生于20世纪70年代的客户又有谁真正了解90后的消费者在“粉”谁呢?若是花钱请了一个连粉丝都没有的明星来捧场,客户会不会觉得很吃亏?

同样的现象也曾经出现在中国杂志的发行量问题上。中国的杂志很少有参加BPA(Business Publication Audit of Circulation,商业出版物发行审计协会)认证的,大家都向客户自报一个粉饰过的数字以抬高广告价格。客户则求助于第三方调查公司,然后狠狠杀价。有个一线杂志品牌的出版人曾经拍着桌子对客户说:“我们一定会申请BPA认证,让那些吹牛皮的家伙见光死吧。”最后的结果是,他还是没去认证,乖乖地从了现实,成为虚报发行量队伍的新成员。他的理由是:“不能让那些劣币驱逐了我们这个良币。”并补充道:“再说,BPA认证,在中国也没几个人信。”

假作真时真亦假。当买粉丝的现象存在时,不买粉丝的人很难自证清白。数字时代的名利,其实并不真的像数字一样非黑即白。

来自星星的知名度

每当有一部戏大热的时候，就会有无数业内人士试图寻找成功基因，希望复制成功，《失恋 33 天》《中国好声音》《爸爸去哪儿》和《来自星星的你》都是个中宠儿。

与创意产业接触久了，我越来越觉得，影视剧等文化创意类产品的成功很难复制。它的成功基因，归根到底就是创作者的天才想法加上制作上的尽善尽美和商业操作的完美结合。如果商业宣传有规律可循的话，那么在创意和制作环节主要还得倚仗专业人才，后两者恰恰是中国文化产业的薄弱环节。

创意和制作领域的人，在思维方式上和商业领域的人截然不同。前者追寻的是趣味，后者追寻的是利益。套用巴塞尔艺术展（Art Basel）亚洲总监马格努斯（Magnus）说的话："对艺术家，我最难理解的就是,就算完全没有人买他们的画,他们也还是会画个不停。”像他这样的商业人才,一定是有了订单才会开始画,绝对不会浪费一点点资源。

同样的疑问来自一个经商的朋友。他谈生意如鱼得水,但在和工程师和设计师打交道的时候总是不得要领。他说:“你永远搞不清楚他们要什么。如果是钱的原因,他们又不说。可以谈嘛!”设计师的做法是,气场不对,这生意大不了就不做了,别谈钱,伤感情。商人的逻辑则是,价钱不对可以谈嘛,别跟钱过不去。别谈感情,伤钱。

最好的作品,来自于生命的冲动,而不是盈利。当然,你可以反其道而行之,总结出一些内容上的规律,再去进行工业复制。拿《来自星星的你》来说:可以用外星人+穿越的创新,女主角的搞笑,男主角的英俊,再加上明星和娱乐圈的各种八卦素材以及内容上的快节奏,炒成一盘可口的娱乐大菜。但当你拿着这些总结出来的金律重新炒一盘端上来后,却很可能发现食客突然变得意兴阑珊,不再那么有食欲了。比如湖南卫视的节目《中国最强音》之于浙江卫视的《中国好声音》,同样是音乐专业出身的选秀选手,加之更加大腕的导师团队,以及导师们对好选手更激烈的争夺,最终还是以失败收场。

不要怪食客的口味刁钻,而应该怪厨师动机不纯。对于创作者来说,第一任务是做出好的产品,第二任务才是这个产品应该赚钱。而在中国的文化产业生产线上,创作者们往往背上了盈利的包袱,从一开始就被投资人、营销团队掣肘，无法在作品中完整地表达创作意图。

记得吴宇森导演的大制作电影《赤壁》的片尾字幕出现时，有这样一串名字“出品人：韩三平、吴宇森；联合出品人：任仲伦、阎晓明、于冬、张强、何冰、伍克波、刘岩、郭子龙、王建秋、滕站、杨受成、松浦胜人、黄锦雯、金佑泽”。一位电视制作人指出，出品人的名单太长了，导演的操控权一定会受影响。如果连吴宇森都会被影响，还有哪位导演和编剧不会被影响呢？

中国文化产业领域的资本还没有学会如何一边遵循着商业规律，一边又能够尊重主创者的意愿；而中国的创作者更没有学会，在尽量回报资本的同时，排在第一位的是保持创作的完整性。

虽然《来自星星的你》不是我的那杯茶，但这并不妨碍它有着韩式主流的价值观、引人入胜的剧情、搞笑接地气的细节以及女主角精湛的表演。

如果有人依照这个模式生产一个《来自银河的你》，我一点也不看好，正如我一点也不看好各大电视台推出的十几个《叔叔去哪儿》之类的“星二代”节目。

在创意产业领域，不要去追钱，而是要去追作品。有了好的作品，钱自然就来了。

冰桶名利圈

一场源自美国的“ALS 冰桶挑战”接力本来充满了“开放、平等、协作、分享”的互联网精神,成为一场大众娱乐公益项目。自进入中国那天起,一夜之间蜕变为名利场的特权小游戏:没被挑战,你都不好意思称自己是名人;不是名人,你都不好意思浇自己一桶冰水。捐款行为也被异化,本来活动的规则是,浇了冰水就可以不必捐款,但富有的中国商人、名人们,或因舆论压力,或因难以抑制的善心或张扬的个性,有捐一万元的,还有捐一百万元的,这客观上给准备捐一百元的普通人巨大的心理压力。你以为奥巴马拒绝了挑战并捐款一百美元是因为他捐不起两百美元吗?这不是善心大小的问题,而是尊重规则的问题。这种有形无形的道德绑架已经使这场“中国版名人冰桶挑战”的标准说辞本地化为这样的版本:“我接受冰桶挑战,同时捐款多少元。”

已经有网友在网上发问:“普通人可以参加冰桶挑战吗?”这本不是问题的问题,到了中国就真的成了一个问题。

西方的名权贵们因为拥有的资源多,容易享有特权,因而很怕触怒大众,给人以口实,一言一行小心谨慎,处处呵护大众的尊严与体面。这背后当然也是因为有利益的制衡:政客怕丢了选票,明星怕失了票房,商人怕坏了口碑,断了产品的销路。

在《憨豆先生》中憨豆先生的饰演者英国著名演员罗温·艾金森来上海时,没有助理,不走机场贵宾通道,自己拖行李,与普通人无异。这也许是他的习惯使然。当然,此举也可能被人指为作秀,就像骆家辉乘坐经济舱在中国引发的舆论反应一样。但反观一些中国名人们的表现,则正好相反。一则娱乐新闻上报道:影星刘亦菲从机场贵宾通道走出机场。而同是明星的香港 Beyond 乐队却被机场方面认为不够资格走贵宾通道,贵宾通道是给领导专用的。那么,机场贵宾通道到底是领导专用的,还是明星也可以走?或者什么样的明星可以走,什么样的不可以?

财富与地位无法平等,但在规则面前可以。

乔布斯在接受肝脏移植手术前,同时在美国加州和田纳西州两个州排队等待肝脏的捐赠。美国大多数的州不允许患者同时在另一个州排队,但田纳西州除外。因为加州等待肝移植的病人太多,而田纳西州的孟菲斯市肝脏供需比例比加州高。最终,乔布斯在田纳西州完成了手术。这在美国是有争议的。因为美国州与州之间相距甚远,而为了保持肝器官的鲜活,从获知有肝源到实施手术之间的时间甚短,患者若有私人飞机,才更有可能及时赶到手术台。这其实是变相向富人网开一面,因而乔布斯的手术地点一度成为敏感话题。当时加州州长施瓦辛格在谈到这个话题时也相当谨慎,他说:“我们都知道,乔布斯在田纳西州进行了肝脏移植手术。但是他实质上并不想这样做。他希望无论贫富与否,每个人都有权获得立即进行肝脏移植手术的权利。”这话可以翻译成:乔布斯并不想破坏平等规则,他希望大家和他一样有钱。

尽管有争议,但乔布斯并没有违反规则,并且他和施瓦辛格有同样的共识:富人与穷人在生命面前人人平等。

而在中国,不要说生命了,就是公费医疗制度的报销比例上,等级制特色也一览无遗。有个朋友的妈妈是云南省的高官,有次跟她开玩笑说:我们将来万一得了大病,只能靠卖房治病。还是你妈妈好,国家全包。结果朋友回答:我妈是副局级,到了正局级,医疗费才能全部报销。后来我了解到,即使是公务员体系内,地方不同,级别不同,福利待遇也是千差万别。据《南方周末》报道:北京正部级所有医疗费用都可以报销,副部级干部个别进口药的报销则有限制。两者报销程序也不一样:正部级的费用直接由卫生部门与医院结算,副部级的费用则要到原单位报销。副部级每年体检一次,正部级每个季度体检一次。

如果说乔布斯在两个州同时排队破坏了平等规则,那么这些与级别挂钩的福利待遇等级则直接宣告了人与人的不平等规则。

至于互联网所推崇的平等精神,具体到“ALS 冰桶挑战”这种项目上,在这个几千年来等级制度长盛不衰的土地上,究竟要多少时间才能消化完全,绝对不是中国参加挑战的人数或者捐款总额这类数字能解决得了的。

微博名利场

毫无疑问，微博已成为比传统新闻发布会力度更大、速度更快的宣传阵地。对一些品牌公司来说，与其花钱租场地、替嘉宾与记者买机票、安排酒店，不如建立一个微博，然后请各意见领袖们在自己的微博上帮忙吆喝，当然这种吆喝是有价码的，然后产品的官方博客转发、评论意见领袖们的意见，并花钱请新浪、搜狐或网易帮忙推荐自己的微博，从而获取更多的关注与传播。

突然间，成为微博界的"意见领袖"，成了一件有利可图的事情。

连我也遇到了诱惑：有公司的新产品上市，请我出席他们的媒体见面会，并在我的个人博客与微博上写有关他们新产品的文章，让我给个整体报价。考虑到自己的博客与微博堪称荒芜，并且对于如何拿捏个人博客与商品宣传之间的关系上没有把握，我拒绝了。但我的一位好友已经开始从博客和微博上获得收益。她研究两性关系，是执业心理咨询师，在探讨两性关系时，偶尔谈及避孕方式的合理使用十分自然，是推广避孕产品的绝佳人选。据说，她的一篇博客“软文”还曾获得新浪的热门博文推荐，这本该是产品微博和博客花钱买来的待遇。“意见领袖”的价值由此可见一斑。

微博的出现让影响力有了更直观的表现。如果说在博客上还只能看到访客与点击率的数字的话，微博则以粉丝数、转发数、评论数等指标监测每一篇微博文的传播能量。而每位微博博主的粉丝数，则成为个人影响力的数字解读。以中国影响力最多的新浪微博为例，粉丝数最大的微博博主通常是大众名人，以演艺圈明星为典型，佼佼者当数姚晨，拥有粉丝(在西方叫“追随者”，follower)7928 多万人(数据统计截至 2016 年 4 月，下同)，比中国任何一份畅销报纸的发行量都大；影响力次之的是知名专业人士或行业意见领袖，佼佼者如知名儿童文学作家郑渊洁，有 634 多万左右粉丝；微博也给了草根百姓拥有影响力的平台，比如名为“冷笑话精选”的微博，也已拥有 1590 多万的粉丝，靠笑话的质量和转发率打开知名度。

如今知名微博博主已经引起电视台、报纸、杂志等传统媒体的关注。我在录制上海艺术人文频道节目《大声说》的时候，就遇到一位嘉宾，头衔是“知名博主”。而电视嘉宾红人石述思先生则在微博中爆料说，自己曾出席“人文浙江网络名博主笔会”。可见，名博主们已经拥有无法忽视的影响力。

既然微博成了名利场,当然也少不了名利场的浮夸与虚伪。“僵尸粉丝”、“如何增加微博粉丝”等新事物也就诞生了。新浪为了区分名人博主与草根博主,特地向他们认为的 VIP 微博博主赠送了“V”帽子。有次跟一位新浪“V”字头微博博主吃饭,他坦白地说他接受过 500 个“僵尸粉丝”,算是他开通微博的赠礼。而我因“专栏作家”的身份有幸受封为“V”帽子博主,却因为半年多的时间不打理微博,被威胁取消“V”资格。这当然是因为我的“VIP”指数不够高。“VIP”指数绝对高的,比如韩寒,虽然尚未开通新浪微博,已拥有 47 万粉丝,就算开了张不发言,也绝对不会被威胁取消名人资格吧。可见店大欺客、客大欺店这种商业规律即使在微博时代依然永恒,并将依然永恒下去。

因为我的职场专栏录制成了 MP3 版本,被搜狐听书代理,不少朋友主动在自己的博客与微博上义务帮我宣传。我突然想到,如果我当初好好经营自己的博客和微博,不是多了条宣传途径吗?其实这大概是很多微博博主的心态吧。像姚晨那样爱写又会写的微博控,毕竟是少数。就像现实中的名利场,大多数来此溜达的人,是为了寻找机会,顺便奉献一下才艺与见解;真正有表达欲、表现欲的人反而是少数。

在微博上窜一窜,才会发现名人真多。但若你以为戴了“V”帽子就成了 VIP 或名人，就太天真了。就像路易威登开派对一样，你手持请帖，不一定是名人；你没被邀请，不代表你没有影响力。归根到底，微博不过是门户网站发明的又一个名利游戏罢了，而且这个游戏还很有利可图。

名利场的等级制

《读库》的出版人张立宪说过一句经典的话:“人活在世,许多时间和精力都是用来跟别人比,最大的追求,最大的快感,就是‘我有,而你没有’‘你有,我比你还有’,诸如金钱、地位、学问、见识、面子、脑子、房子、大房子、性感、感性、手表、项链、袜子、内裤,概莫能外。”

而等级,则是攀比的一般等价物。你开的是奔驰 E300,我开的是奔驰 S600,万一遇到一个不懂车的,搞不清楚两者的价差,不是亏大发了吗?所以最清楚明了的办法莫若类似于微软员工的等级制:李开复刚进微软时是 15 级,唐骏离开微软时比李开复还低 3 级,诸如此类把攀比简化为简单的算术题,从而搞清楚彼此的相对地位。

若是不同国界、不同体制的人相撞,又要把各自的等级体系进行“翻译”,才能对号入座。有微软员工这样翻译过微软高管和中石化高管之间的级别关系:微软的亚太区总裁,相当于海外部的副总裁,大致相当于中石化的副局级管理人员,而微软大中国地区隶属于亚太区,大中国区总裁比亚太区总裁低一级,相当于中石化的正处级干部;而中国区总裁又要低半级,相当于中石化的副处级干部。无独有偶,我遇到过一位中国的镇长也试图搞清楚我的级别。当我告诉他我供职于英国的《金融时报》时,见他不懂,便跟他说这是份很有名的报纸。他想了一下,问我:“你们报纸是什么级别的呢?”在他的思维逻辑里,有没有名并不是确立地位的因素,只有换算成和《人民日报》一样的级别,他才能将我准确定位。

级别高的人当然就有了很多特权。以台湾的综艺电视界为例,如果是新人,偶尔上一次电视节目,会被主持人整得很惨:让你表演能否吃得到自己的脚趾头,让你站在高台上回答问题,答不出来就会被推到下面的水池中去,出外景节目时会被要求吃油炸蚂蚱,等等。当然,这些情节并不是为了整你,而是为了节目效果,为了收视率。但等级高的艺人可以拒绝此类苦差,就像王菲或者周杰伦一样,只需要安安静静地坐在沙发上回答问题即可,而且遇到不想回答的,还可以拉长脸小小地发个脾气。

在综艺电视节目十分发达的台湾地区,就连采访大牌艺人的机会也是要看采访人的等级的。通常只有名主持人才有机会采访他们,这些名主持一般都有自己坐镇的周播或日播节目,经常邀请大明星来访谈。因为双方在各自领域的等级不相上下,看上去很有点把酒言欢的架势。知名度低的主持人只能作为助理主持出现,而且是和其他的助理主持轮流出现。万一在节目录制过程中不当插话或者故意抢话,搞不好还会被雪藏。中国大陆十年前尚无此类综艺节目,那时的中国电视刚刚市场化,年轻的电视记者完全搞不清楚该对刘德华这种等级的明星提供什么提问待遇,对他就像对其他等级的明星一样直来直去地问:“你真的没有结婚吗?”这让天王巨星很下不来台。后来刘德华对台湾的综艺界主持人提到这段经历时一脸的无奈。

有些行业内的等级是相当隐蔽的。拿我熟悉的写作这件事来说,等级最高的,像海岩,他写的剧本不仅别人不敢改,他甚至还可以指定谁来演;等级最低的人,写了东西都没资格署名。稍微有点知名度的,会被媒体邀请开个专栏;完全没有知名度的,可以选择投稿,这很像如今的海选,别忘了当年海岩也是从“文字海选”这条路上成名的。搞不清楚这种隐蔽等级的外行人,就会问出一些像新人电视记者一样的话来。比如有其他行业的朋友问我:“我要是退休了,就到你们媒体开个专栏……”看在熟人的面子上,我不好发作。其实我很想对他说:“就凭你?还专栏呢。你投了稿,我有没有空看还不一定呢。”

一个车盲眼中的车展

在我看来，车展之于男人，就像时装周之于女人。如果时装是女人的标签和爱物，那么汽车就是男人的资本和武器。它们的共同点还有，其实车展上的男人未必能看懂多少车，正如时装周上的女人未必能看懂多少时装。

和所有在中国办的展一样，中国的车展总是乱哄哄的，观众鱼龙混杂就不说了，就连媒体日的媒体也同样鱼龙混杂，汽车版的、财经版的、社会新闻版的、娱乐版的、时尚版的，大概连独立狗仔工作室也没有缺位。比起各大厂商请来的明星和车模，汽车本身反而成了配角，闪光灯都闪在明星身上。至于媒体，有谁真的想亲自去摸一下方向盘或者体验一下车后座的舒适度呢？屈指可数吧。

虽然车展所占场地总是很大，但总是豪车的那个展厅最有人气。

当然,豪车拥有最强大的发动机以及最高精尖的车载设备,的确值得一看,但媒体和观众的注意力显然不在这些硬件配置上,而是在整车的价格上。而且中国各个车展也基本在来参展的豪车的最高价格暗自较劲,上一届你有 4000 万元的车,这一届我就得有 6000 万元的,不然多没面子。从本质上来说,这跟电影节期间粉丝们看明星走红毯如出一辙。北京电影节有了李冰冰,上海电影节就至少得有范冰冰。什么表演,什么作品,都没什么关系,大家关心的是谁的裙子布料最少,谁更大牌。

作为一个车盲观众,我一直觉得在展厅里看车实在是比隔靴搔痒还要糟糕的体验。车展就该把大家拉到 F1 赛场去,一辆一辆去试车,从驾驶到乘车,全方位体验百米加速的过程。甭管什么 X 几,A 几,是骡子是马拉出去遛遛。这不才是汽车体验的应有之义吗?一辆静止的车,就像一台没有上网的电脑一样,只是一堆废铁而已。

可喜可贺的是,本次车展终于没有了让女观众们又气又妒的火辣车模,取而代之的是妩媚又端庄的女销售员。但你在看车的时候,老是被俊男美女客户代表追着要手机号又成了一种新的烦恼,你不得不感慨习惯的力量,汽车销售人员大概无论在什么地方都不会忘记问人要电话号码,并且骗你说,不会给你打电话的。不打电话,要这个号码干吗?

最后"吐槽"一下本届上海车展的新展馆:卫生间标志用得着那

么宏伟吗？每个展厅的卫生间标志旗都有一辆汽车那么大，高高悬挂在屋顶上方，但从一个展厅到另一个展厅的指示却不够清晰明了，结果就是导致许多人都去问安保。最滑稽的是，安保在穿着“紧急疏散引导员”的小背心时，却告诉你“不知道餐厅在哪里”“不知道 5 号厅在哪里”。看着他们懵懂的表情，你不得不怀疑，要是万一需要“紧急疏散”的时候，他们真的能给你引导吗？最可笑的是，他们人数还特别多，每个厅里都有一二十个。看着国家会展中心高大、崭新、先进的种种硬件设施，不得不感慨：中国钱是有了，硬件是牛了，一到“人”这一环，就露了怯。产品也好，服务也好，汽车产业还是汽车产业外，莫不如此。

谁给了名流特权？

凤凰网娱乐频道的一则消息让我有点愤愤不平："女明星刘亦菲近日出现在上海虹桥机场。一身便装的刘亦菲宛如邻家女孩，戴着一副白色 Dior 墨镜露出星相，与母亲在头等舱位等候办理登机手续。机场工作人员认出这位大明星，还派了一位工作人员专门为其母女俩服务。"我很想知道，其余的头等舱客人是否也能享受到工作人员的专门服务？这事看似很小，却关乎机场的服务专业程度和商业道德。此外，机场是社会公共资源，为个别名流提供特殊服务，有违公平原则。

但是，当一些奢侈品商家将名贵手袋赠予这些名流时，我从未愤愤不平过，最多暗自嫉妒一下。人家是坦坦荡荡的商业行为，是商家想借用名流的知名度和形象做市场推广。甚至光送包还不行，还得付钱。这是名气应得的报酬。否则为什么那么多人挤得头破血流想要成名呢？

我很想知道，那位机场工作人员，是出于什么动机为明星母女提供特殊服务的。公司规定的吗？肯定不是。领导关照的吗？应该也不是。最大的可能还是出于个人兴趣，想一亲美女明星的芳泽吧，哪怕是近距离看一眼也好。为此他愿意用为她们开后门来作为交换。事实上为了博取名流的好感，或者仅仅为了一睹其真容，愿意为他们免费提供便利的大有人在，包括我自己。当我还在为 *ELLE* 杂志中国版工作时，在一次周年庆派对上，我在现场发现演员江珊，她是被朋友叫来玩的。当我惊觉她对这本杂志一无所知时，随口说了句："我给你寄吧。"她稍感意外，但很开心地留下了地址。寄了几期后，我就开始反省，我为什么当时脱口而出要寄杂志给她呢？她既不是我的作者，又不是我们采访过或要采访的明星，因为她主要参演的是电视剧，而那本杂志更希望采访的是电影明星。唯一的原因就是，她是著名人物，给她寄杂志满足了我的虚荣心，证明我跟她有"交情"，尽管这个交情有点像《阿 Q 正传》中阿 Q 心目中的自己与赵太爷的交情。而后我的理智果断地向虚荣心开火，给她的这项小小福利画上了句号。

这种心甘情愿为名流提供便利的虚荣心到处都有，无论是在东方还是西方。英国人已经在钻研是否能有效利用人们的这一心理为自己谋福利。*ELLE* 杂志英国版早就在一篇《免费升舱 20 招》中献计:戴上墨镜,身穿名牌套装,最好牵一条名贵宠物狗,然后在办登机牌时轻轻问一声:可以升舱吗?英国《金融时报》一位专栏作家也自嘲过,他曾经在办理登机的长长的队伍里不经意掉落一本《如何消费》杂志,而希望得到航空公司服务人员的优待,因为那是一本有钱人看的杂志。在 2009 年奥巴马宴请印度总理的晚宴上,成功混入白宫蹭饭的美国萨拉西夫妇也熟谙此道。当晚他们男的穿着黑色晚礼服,女的穿一袭红色沙丽,而且神态从容,外表优雅,大大方方与副总统拜登、白宫时任幕僚长伊曼纽尔和华盛顿时任市长芬蒂等人交谈、合影。面对这样一对貌似非常"名流"的夫妇,美国特工大概已经从心底里希望为他们大开绿灯了,就连副总统也生怕因为不认识这对"名流夫妇"而被戴上"孤陋寡闻"的帽子。

如今到中国出席商业演出的欧美明星们都习惯了警车开道、加长林肯车、专人随时听命、总统套房等特殊待遇。其实在这些明星的千奇百怪的要求中,很可能有相当一部分是惯于拍明星马屁的人发明出来的,而后明星经纪人在受启发后将其纳入下一次的演出条件中。正是这种希望与名流亲近的虚荣心,让名流们有了越来越大的特权。

你有多势利?

人皆势利。势利,字面意思是审势逐利,只要不是一根筋的人,大多都会根据情势做出有利于自己的行为。只是判断难免有出错的时候。

某高管因为穿着太过平易近人,在上海一个高档小区遭遇保安的冷眼。保安居高临下地问他要找谁、来干什么之后,一直押他到房间门口看到有人接他后才离去。据说这种保安风格的住宅小区在北京很受富裕人群的欢迎。一次我问一位在北京、上海都有豪宅的企业家:“北京、上海的住宅小区有何不同?”他回答说,同样价位的小区,在北京好像住得更跩,比如,有人来访时,保安会陪送至家门口;比如,保安不仅知道你的名字,还知道你家住在哪幢,让你随时随地觉得自己是个人物。而在上海,同样是几万元一平方米的小区——还是几年前的价格——住在里面什么感觉都没有。原来,这种势利保安是按业主的需求打造的。

对于人势利的本性,有位服装公司企业主还总结出这样的规律:在经历过生死的人,要么大彻大悟,从此淡泊名利,对人温文有礼;要么就是甩掉一切伪装,从此肆无忌惮地势利。他最近就遇到一位后一种类型的人,是个话剧导演,因为车祸,在医院重症监护室里被两次通知“病危”,竟奇迹般地挺过来了。这位导演的势利事迹有:对于投资人能够奴颜婢膝至令周围所有人难堪至极的地步,而一旦对他有用的任何人离场了,马上用下巴对着别人的眼睛说话,绝不浪费任何时间精力在“请”“谢谢”或微笑之类的词汇或表情上。

商业文化中,势利导演的这种行为也许会被诠释成“有个性”,只要他有能力完成资本的意志,就算所有的群众都不喜欢他,照样有戏拍。但他雇人的成本可能会提高,除了为他工作的正常报酬之外,雇员还希望得到点精神损失费。官本位文化中,势利导演则面临坐冷板凳的危险:万一他不小心怠慢了一位茶水师傅,而这位茶水师傅恰好是电影厂老总的亲戚的话,他就会遇到不必要的麻烦。

我已经不止一次听到有人说,现在的中国比西方更势利。这应该是西方的法制在规避人势利的本性上更有效的原因吧。如果选民的投票并不重要,奥巴马在上海浦东机场下飞机时,完全不必做出亲自打伞的表演。而迎合这种制度的行为,天长日久后,可能就会变成一种新的礼仪,人们把它叫作道德。

名气的盈利模式

我的心理咨询师朋友吴迪在担任浙江卫视一档大型娱乐节目的嘉宾时，幸遇网络名人“凤姐夫”，得知“凤姐夫”最近也有不少电视通告要赶。在为“凤姐夫”粗粗估算了一下嘉宾费收入后，吴迪认为至少他在当月收入过万元是毫无问题的，而“凤姐夫”之前只是个普通大三学生而已。

与之相比，名气更大、成名更早的芙蓉姐姐非但没有销声匿迹，反而在“名转利”的路途上越走越顺。2009 年 2 月，她出席广西南宁首届桃花节新闻发布会，并为之拍写真；2009 年年底，她在陕西电视台的《碎戏奥斯卡》节目做评委；2010 年 2 月，她为罗平油菜花节拍写真；2010 年 4 月，宁瀛导演的电影《A 面 B 面》中也有她的身影……有人估算她的年收入应该在 50 万元以上。在以盈利为目的商业行为中,芙蓉姐姐的形象是美是丑已经不重要了。请她过来,能吸引不少眼球,从而达到宣传目的才是关键。

与这些大众娱乐名人相比,隐藏在各专业领域的学者们“钱途”甚窄。就我认识的几位人文学科知名教授而言,收入无非还是学校每月几千元的工资、偶尔的讲课费以及出书的版税。而他们的书往往因为不够大众化,最多只能卖几千本。一本 20 万字的书,很可能连 1 万元的版税都拿不到。

一个学贯东西的知名教授,收入还没有知名度更普及的网络名人多。这主要是因为前者的名气还只是停留在小众范围内,无法成为大众“消费品”。

名气,怎么才能成为大众消费品呢?

2008 年诺贝尔经济学奖得主保罗·克鲁格曼是这样分析的:“免费的复制品是你确立名望的好方法。之后,你只需要出门,就能赚到钱。总有人愿意为了见到女高音——也包括记者、诗人、数学家,甚至经济学家——而付钱。”他把这称为“名望经济”。也就是说,教授及专业人才们不应再期待靠着出书挣钱,因为电子书太容易被免费下载了。他们在名望经济时代的盈利模式是:在专业领域出名后,靠出书、写博、写微博、上电视等种种手段制造范围更广的知名度,然后通过巡回演讲或给 EMBA 学生讲课挣钱。

这事实上早已成为娱乐圈明星的盈利模式。比如歌星,没人再指望能靠出唱片挣钱,但办演唱会和为商家代言可以带来挣钱的机会。而芙蓉姐姐和“凤姐”“凤姐夫”们更是名望经济的身体力行者,尽管他们的“作品”更像是一场荒谬的行为艺术,但既然这行为有爆炸性的娱乐效果,并能使他们一夜成名,他们就可以在名望经济模式中得利。

只是苦了那些不擅于娱乐大众的学者或专业精英们。保罗·克鲁格曼自嘲道:“像我们这样有一定学术志向的人,一个世纪以前,做一个纯粹的学者尚可勉强维持生计。”“然而今天,教书的工作不仅很难找,而且工资也低得可怜……”他认为有志于从事学术研究工作的人今后只有三种选择:第一,像达尔文那样生来就很富有,仅靠遗产就可以过上优越的生活;第二,像阿尔弗莱德·华莱士(进化论的另一位奠基人,不过缺点运气)那样,需要从事其他工作以维持生计,而研究只是作为一种业余爱好;第三,像19世纪的科学家那样,等到拥有一定的学术声望之后,通过巡回的学术演讲来赚大钱。易中天、于丹等“学术明星”走的就是第三条路,虽然在学术界引起一阵非议。

不过我注意到保罗·克鲁格曼自己也没有放弃第三条路。他已经在网易开通了自己的中文博客,并且早就把演讲开到了中国。而更多的不愿意娱乐大众的学术泰斗们则需要坚定意志,迫使自己习惯这种经济上的不平等待遇。因为把学术当成兴趣来养的方式更高贵,却也更清贫。

向钱进——“钱”途启示录

电影《杜拉拉升职记》的白热化表明，打工族是多么热切地期望着升职加薪。但影片揭示的薪金水平，并不能反映整个外企的状况。比如中国区销售总监一职，在不同的行业有完全不同的薪资水平。

薪资水平高的，比如金融业、广告业、财经咨询行业、IT 业等，这个职位可以拿到数百万元年薪；低的，比如传媒业、音乐产业、出版业等，也许三五十万元就能聘到相当资深的专业人士。我曾经十分黯然地发现，自己处在薪资水平相对较低的传媒行业。一个在业界相当有名的大主编，也许年薪还不到 30 万元。后来我发现这个状况在欧美也类似。金融危机的时候，英国《金融时报》的专栏作家曾经撰文探讨过银行家们为自己制定的天价年薪究竟有何根据。你可以把这看成是文化人向金融人士的呐喊。当然，他们也只能呐喊一下而已。若真的想在收入水平上翻身,除非转行。事实上,投资银行业已经成了英文好的财经记者们的下一站乐土。一个年薪20万元的资深财经记者,换到金融业就可以拿到四五十万元年薪。不过,工作并不轻松。后者常常意味着跨时差工作,而且一天平均工作11小时以上,工作时间也不再像以前有弹性。然而,加薪空间依然巨大。而如果在传媒行业,四五十万元年薪就意味着走到了头。

选对行业很关键,选对工种也相当重要。就像《杜拉拉升职记》里的杜拉拉,沿着人力资源这条路走下去,"钱"途并不远大。只有设法挤进工商管理这条康庄大道,才能突破收入瓶颈。人力资源总监,通常在薪金水平上不会高过销售总监、市场推广总监以及产品部总监。

至于是否一定要在外企混,则仁者见仁,智者见智了。因为在收入潜力上,民企丝毫不比外企差,甚至有些销售额很大的行业,比如医疗器械等,为民企工作的收入潜力要远远大于外企,因为民企倾向于采用低底薪加高比例提成的薪酬结构,而外企则倾向于高底薪加低比例提成的结构。在某家户外广告民营企业,一个大区经理的年收入就在几百万元左右,而在外企,这几乎是中国区经理的年薪了。

此外,在同一个领域内的声誉和口碑对"钱"途的影响也很大。这在文化、演艺、律师等出售个人品牌的行业尤为突出。我参与过一个电视剧的制作。那是一部800万元投资的中小规模的电视剧。两位主演和导演的报酬加起来用掉300万元,剩余十来名配角的收入加起来还不到50万元。名气的悬殊,反映在经济收入上就是这样的差距。这就是为何这个领域的人使出浑身解数也要博眼球、抢版面的原因。以前我有个同事采访蔡康永时,他刚买了幢天价别墅。同事问他:"做电视的人很有钱吗?"蔡答:"做电视的哪个没有钱?"此言差矣。他是电视领域中的大腕儿,并且又是艺人和明星,所以才有钱。一般的编导,也就和公司文员的收入相当。想当年蔡康永混在时尚杂志圈,当过*GQ*的台湾版主编。如果他当初不转行,在主编这个位置上一直做下去,估计是永远也买不起别墅的。

你离钱有多远

鉴于当前中国收入分配悬殊的情形，搞清楚自己在产业链的哪一环以及将来“钱”途的可能性变得十分必要。

我认识的一位杂志美术编辑已经成功把自己运作成新成立的影视文化公司的董事总经理。这个大飞跃分三步走：第一步，在知名杂志当美编，两三年后跳槽到另一本知名杂志当美术总监，拿固定月薪；第二步，自己开公司，为客户做平面设计并逐渐扩大至动漫设计，自己当了老板；第三步，找到投资商，在保留原有项目的同时，又涉足影视领域，成为股东兼经营者。在第一步里，做到顶级也就是年薪几十万元的中产阶级；在第二步里，因为缺乏资金，最多也就是丰衣足食年入百万的小老板；到了第三步，一旦走进资本市场，她就有可能成为亿万富婆了。

她的突破关键在于选择了创业。选择打工和创业，不仅仅意味着选择不同的生活方式，也意味着选择了与“钱”的关系。对打工的人来说，钱是8小时工作的回报；对创业的人来说，钱是工作的回报，更是投入的资源，因为掌控着从投入到产出的整个流程，才能掌握着资金流发展的全部可能性。有位采购经理就一直没想清楚这回事。自从他担任采购经理后，他认为自己凭借业内宽广的人脉关系和专业知识，至少在3年内为公司节约了几百万元资金，而他的年薪却依旧只有30多万元，心理很不平衡。然而，对他所在的公司来说，他的职位无非是颗重要的螺丝钉，价值就在三四十万元。如果这颗螺丝钉不平衡，市场上总会有其他的螺丝钉来替代的。而他心目中的“省下来的几百万”，对公司来说，正是雇用他的价值所在，与他的年薪是对等的。

因为意识到打工在“钱途”上的瓶颈，有位工程师一直以技术入股的模式选择就业，就是拿低于市场价的薪水，但以负责研发的创始人的身份持有15%左右的原始股份。在10年的时间里，他参与创业的前几个公司最终都倒毙了，一度背上创“死”人的恶名。但最近听说他公司上了市，身家一下子变成了2000多万元，这个数字打一辈子工可能都打不来吧。这种技术和金钱联姻的方式可以为更多的专业人士提供进入金钱的源头的机会，成为离钱越来越近的人，前提是你真的有点子、有技术，你的项目有吸引钱的魅力，更重要的是，你还得有忍耐自己的人力成本长期低于市场价格并且项目很可能会失败的心理承受力——商学院的教授讲创业时最喜欢讲的是“绝大多数创业者第一次创业时都会失败”。这个说起来容易，做起来太难。有谁愿意放弃眼前的2万元月薪，甘愿拿5000元加一份很可能成为废纸的股份合同呢？可是守住了眼前2万元的大钱，同时也就意味着放弃了以后的大大钱。看起来是离钱近了，实际上是离钱远了。

权力当道，名利靠边

我还是职场懵懂新人的时候，有位副局级干部语重心长地对我感慨道：人生无非名、权、利三件事，其实，也就是这么回事！那时他临近59岁大限，大概是突然想到了退休后可能的寂寞生活，心生感慨吧。

但对“上升期”的我来说，名权利当然不可能“就是这么回事”，而是大大的一回事。开始以为名、权、利是互通的，有了名，就有了权，有了利，反之亦然。后来发现，这三件宝物，各有神通，也都有捉襟见肘的时候。

面对热烈的群众时，名气带来的回馈最大。有位金融界大亨出席了个中国民间考察团，赴欧洲访问，回来后激动地说：同行的人中有部长、有学者、有艺术家还有亿万富翁，你猜谁的魅力最大？学者和艺术家！所到之处，大家都围着学者和艺术家说个不停，富翁和官员则被冷落在一旁。这充分说明，若没有利益的影响，大家都喜欢和有学识、有趣味的名人交往。知名度带来的心理满足感，是难以用金钱和地位去衡量的。毕竟，和名人有往来，说出去总比认识官员和富翁更容易获得艳羡。有全国知名度的官员，毕竟是少数。

自由市场里，有钱可以买到很多东西，甚至是很多并不需要的东西。土豪让人讨厌的地方，就是把钱用过头了。但一旦涉及公共资源，土豪也会变得十分无力。

在中国，最典型的就是孩子入学择校了。北京有些小学，据说“拼爹”是万万不行的，得拼爷爷，因为以爹的年龄，级别一定不够高。这样的小学，学费其实并不贵，但若没有一定级别的人帮你争取一个入学名额，你就无法取得支付赞助费的资格。回头望望，高举着银行卡等着这个资格的土豪排队都排到两条街以外了。这是权力的独角戏时间，什么名啊、利啊，只好默默地让道，乖乖地下台。

有位土豪，通过中介拿到了一个交赞助费的资格，据说中介费高达数十万元，搞得小学比哈佛还贵。这里可以看出“权力爷爷”的不甘，急吼吼地寻找变现渠道。近年来每天都在“打老虎”“打苍蝇”，权力变现的风险也不小。每每看到反腐捷报，名和利们大概要捂着嘴笑了吧。

虽说名、权、利各立山头，到一定程度后，相互接触的机会就越来越多。往往是利益搭台,权力开道,名气用来装点门面并赚个吆喝。在这个平台上,名权利们相互结识,名们沾权得利,利们沾权借名,权们借名换利,大家取长补短,各取所需,共同游向食物链的顶端。

只有在中国,名权利才这么赤裸裸地被歌颂、被崇拜。换作别的国家,大家至少在表面上都歌颂智慧、美德和个人奋斗,贬低权力、金钱与名声。毕竟权力、金钱与名声都受着各种各样的约束,堂而皇之地使用,会受到道德上的非议。可不是嘛,连中国寺庙的讲经堂四周,都放着若干个募捐箱,让捐钱的人释怀,让不捐的人忐忑。我回想了一下在日本和泰国去过的寺庙,好像从没见过这么密集出现的募捐箱。

记得在日本一家寺庙的许愿箱边,有明确提示:建议捐助 10 日元,折合人民币 6 角左右。而在中国一家寺庙的功德簿边,也有明确提示:捐助 100 元人民币以上者,可入功德簿。善人,也是有资金门槛的。

知道为什么成功学能有这么大的市场了吧。因为在名、权、利三足鼎立的主流价值观体系中,你若不能占据有利地形,就会沦落到连功德簿都鄙夷你的境地。不要埋怨中国人太急功近利,环境如此,中国人只是顺势而为罢了。

02 不会穿衣的教授们

不会穿衣的教授们

复旦大学 2014 届新闻系本科毕业生的红毯秀，一时间走红网络。

说实话，我并没有被美女高才生的曳地晚礼服惊到。在二十三四岁的花季，只要身材苗条，化妆得当，再配上惹眼的礼服，在女生中找出七八个“模特”来，并非难事。真正让我吃惊的是被美女挽着手臂的教授们的衣着：松开一颗扣子的短袖衬衫，皱巴巴的牛仔裤……与身边的女弟子恍若生活在两个世界：一个是 21 世纪的美国好莱坞，一个是从千篇一律灰色中山装里刚刚走出来的中国。

穿衣和烧菜一样，是需要学习的。你先得知道这世界上各行各业的人在各种场合都该是怎么穿的，为什么这样穿，才能决定自己到底以什么样的姿态去亮相。

对最擅长学习的学界人士来说,着装不是学不学得会的问题,而是想不想学、愿不愿学的问题。可以说,这是对来势汹汹的消费文化的回应方式。在我看来,这师徒两代人衣着上的强烈反差折射出的是对消费文化的两种极端反应:教授这边是完全漠视与歧视,学生那边则是过度崇拜与追捧。

在许多中国成熟男士的心目中,学习穿衣比学习烧菜更令他们感到不屑。对高端人群,尤其是学界人士,如果说学习烧菜还多少能表明自己热爱生活的亲民的一面的话,学习穿衣就太庸俗和不上档次了。在中国大陆老一辈知识分子的心目中,衣着时尚大概都是些不正经的人才会在意的事。20 世纪 30 年代上海的衣着时尚是青楼女子引领的,80 年代中国的衣着时尚是“小痞子”们引领的,现在你想让教授们去学习如何穿衣？你脑子进水了吧。

这种对衣着消费的迟钝与漠视在中国学者、成熟商界男士人群中表现尤其强烈。在北京、上海这样的大都市,女士们已经敢于把蕾丝和印花衫穿进办公室,并且还相当得体,男士们恐怕连见到收腰衬衫都要惊呼一下:这衬衫是女式还是男式的？更别提让他们试一下尖头皮鞋了。学者尤甚。你若是善意地提醒,为杂志拍照前最好涂个粉底、吹个发型,他们会觉得自己的身体受到了羞辱。

当然也不是所有的教授都是这样。我见过的复旦大学、上海交大管理学院的某些教授,浑身上下披着名牌。在一次社交场合,我身边的一位时尚评论家指着一位管理学院女教授说：包是 Prada 的，鞋是 Christian Louboutin 的，裙子是 Marni 的新款，搭配得也相当得体。她的结论是：看来现在的教授待遇很高啊。

其实完全不是待遇的问题，主要是观念问题。你是否愿意哪怕花几分钟的时间考虑一下在公众场合的着装问题，决定了一切。

西方学者也懒得在着装这种低负荷脑力行为上花时间，但他们每人都有衬衫、西装和领带，深色西装、白衬衫，配什么领带都不会错。即使最不在意衣着的清高学者也至少有套灯芯绒西装外套。在一次国际性学术讨论会上，一位英国学者嘲笑另一位英国学者的时装品位：我简直不敢相信你竟然给你的棕色灯芯绒西装配了条相同颜色的裤子！作为学术会议的开场白，这句话相当好，被开玩笑的学者也很乐意接受“时尚盲”的标签——灯芯绒西装对于隆重的学术会议是太随意了些，但咱至少上下装配成了一种颜色啊！

以前中国艺术家也很不屑于在着装上费脑筋。但现在他们大多都知道在出席画展等公开场合时，至少用一件盘扣唐装和剃光的头来显示自己的与众不同。与他们相比，文学家则迟钝很多，至今他们的标准照片都还是手拿一根点燃的烟做思考状，与刚刚开放的 20 世纪 80 年代没什么两样。

当电影《小时代》受 90 后观众热捧时，作家王安忆在接受采访时表示，她对中国年轻人如此热衷消费文化感到难以理解。对她们这代人来说，穿什么衣服、拎什么包，这么简单幼稚的事，有什么好追捧的呢？

也许的确不值得追捧。为LV的一只新款包通宵排队是有点过了头。但穿着解开领口的短袖衬衫和牛仔裤，与拖地晚礼服的盛装美女站在一起出席公众场合，似乎也离当下的世界过于遥远。消费文化就算浅薄，也不是洪水猛兽，犯不着让教授们成为把头埋进沙子的鸵鸟吧。

微博上的总裁们

既然微博是个“私媒体”，还能够承载不少商业功能，尤其是在市场推广领域，那么你开微博的时候，有没有做过“媒体定位”？你希望微博为你带来什么呢？展示你的职业素质，从而提升你在行业中的形象与地位？通过原创和转载有趣的内容吸引受众，然后推广产品？还是显摆自己在职业场合表现不出来的文艺才能，比如绘画、表演、写诗、烹饪等等？抑或只是晒自己的私生活，今天去哪吃了饭还是孩子刚拍的艺术照？

有些明星把微博经营得很好。明星作为一种特殊职业或商品，除了演艺等基本工作，因为一举一动、一颦一笑都有商业开发的巨大空间，维持一个 24 小时令人愉悦的个人形象十分必要，微博则义不容辞地成为展示平台。比如姚晨通过微博展示出的是亲切、有爱心、有自嘲精神的邻家姐姐形象;蔡康永则展示了自己“文化人”的那一面,作为对综艺“主持人”的补充;王菲在微博上表现得俏皮可爱,与舞台上的冰酷形象判若两人,但不仅不会让人反感,反而带来的是惊喜。

比起明星微博,总裁微博则显得十分尴尬。我很怀疑大多数总裁在写微博之前,有没有花至少3分钟的时间思考一下微博的“定位”问题:写什么?以怎样的方式写?什么必须写?什么可以写?什么不能写?因为哪怕只花1分钟的时间想一想,都不会出现王功权的“微博私奔”、任志强在微博透露女演员私人信息、李国庆微博谈前女友、谈上市的心酸账等商界花边新闻了。

如果大多数明星开微博只是为了和粉丝互动、提升人气,从而最终开拓商机的话,总裁们对微博的期望则远远不仅仅是让公司赚更多的钱。很多总裁把微博当成文学阵地,展示自己的才气与思想,让粉丝在崇拜他的商业才能的同时,顺便也崇拜一下他的艺术才能;也有人变身新闻界的时评人士,对热点新闻品头论足;有人拿它当社交工具,与圈中人及时互动;还有人迫不及待地告诉别人一些你不知道而他知道的秘密,以显示自己的地位和与众不同;当然也有人希望借助这个平台出口恶气,骂骂得罪自己的人,抒发一下压抑的情绪。作为一个普通人,对着同事或朋友说这些是再正常不过的事;作为家庭成员,对着家人说这些也无可厚非,只要家人愿意当听众;作为公司总裁，在高管会议上说这些也无妨，活跃一下气氛，放松一下神经；然而在微博上对着全世界人民说这些，就很可能危害到股东或公司的利益。只是中国现在某些领域相当开明和宽容，德国高官涉嫌抄袭论文就要下台；中国总裁哪怕学历是买来的，还可以继续做总裁。

我认识的一个同行因为在微博上骂了老板，一周后辞职了；在发生了“郭美美”事件后，我的一位女朋友默默地删除了微博上她女儿的所有照片，怕万一被“不当使用”。普通人都开始重视微博的定位问题了，类似“微博私奔”这样的商界八卦也该越来越少了吧。当然这对八卦爱好者来说，很遗憾。

名人癖患者

你有没有遇到过这种人——他们看似在和你聊天,其实只是想告诉你他认识多少名人:昨天和A吃了饭,今天和B通过电话,明天要去C的家,曾经和D八卦过E……我见过的“名人癖”症状比较严重的是一位时尚杂志主编,她在自己的简介上写着“与巩俐、张艺谋私交甚笃”,并且让这句话出现在公开出版的印刷媒体上。

这样的人当然不止中国有,全世界有社交圈的地方都有。美国人形象地称之为Name Dropper。陈香梅女士在《春秋岁月》中回忆美国华府社交圈时写道:“今日在华府有些只与约翰逊总统有一面之缘,或是握过一次手的人都要到处宣传,美国人形容这种人为Name Dropper,是最不受欢迎的人。”

可是在中国,这种人虽然不一定受到真心的欢迎,却大有市场,甚至能获得不少利益。比如,如果逢人便讲自己是孙中山先生的远房亲戚,很可能被许多时尚派对奉为上宾;如果嘴里能迸出不少部级领导人的名字,并显露出很熟的样子,说不定能相对容易地拿到一些大型活动的批文;若有幸与胡锦涛主席握过一次手,那就更值得不断提起了。有一次我在做头发的时候,发型师跟我滔滔不绝地宣讲他在沙宣美发学院的进修史,想说服我接受他的创意。鉴于他的创意我确实不敢恭维,并且厌倦了他唐僧般地唠叨,我漫不经心地跟他说:"沙宣啊,我采访过他的,还有和他两个人的合影呢。"他顿时无语,绝望地说:"要是我有和他的合影,就可以开自己的店了,价格还会比这家的高。"

虽然我也扔出了一个名字,但我的行为当然算不上"名人癖"症状。陈香梅在书中也提到过类似的例子:一位朋友告诉她,很想和曾赴远东及东南亚访问的美国前民主党参议员陶德(Dodd)谈谈越南。陈香梅说,那我约他到家中来吃晚饭,你们可以谈谈。朋友说,原来你和陶德相熟,为何不告诉我?陈说,你没有问起,我怎么告诉你?我又不是 Name Dropper。

这算是为如何体面地使用"著名人士"指出了一条明路:一,只在需要时提及;二,提不提、如何提,要视相熟程度而定;三,提及的方式与真实的相熟程度相符。用这三个原则衡量,在逢人便叫"亲爱的""哥们儿"的社交圈里,凡提及著名人名的人,几乎都处在"名人癖"的发作期。若真够义气,谁会当着这么多不生不熟的众人,叫卖名人朋友的隐私或趣闻呢?

但在某些时候,适当地运用一些“著名人士”,的确能为工作带来便利。我在大学读新闻专业的时候,时任《文汇报》体育部主任的马申先生就为我们讲述过一个具体案例。他想采访体育总局的领导,但人家不接受采访。他听说领导与袁伟民教练很铁,于是就表演了一回“名人癖”。在硬闯入领导的办公室后,他一屁股坐在领导前面的椅子上,先点上一根烟,吸一口,吐出来,再低声说:“我刚从伟民那儿过来。”于是他顺利地采访了这位领导。我想真实的经历经过他的转述再经过我的回忆,应该已经被夸大了。但这种对“名人癖”症状的开发利用,在职场上实在是太普遍了。为了迅速与对方找到共同话题或者热络起来,我经常说“我认识谁谁谁”,当然前提是我知道他也认得这位名人。而之后的情况就更有趣了。因为我们都拿不准谁与这个名人更熟,双方既要借这个名人找到共同话题,又怕被对方看穿其实自己与名人并没有那么熟,于是又要讲得小心翼翼。

既不愿被对方视为“名人癖”,又要借助“名人”打开沟通渠道,这种行为到底算不算“名人癖”症状?估计已经是“假作真时真亦假,无为有处有还无”了。

黄西：演艺圈没有中产阶级

我在采访黄西时，有位女士过来问我，是否要拍照，“要是拍照的话，就要换装”。开始我以为她是黄西的经纪人，后来才知道，那是演出合作方的工作人员，因与他私交好，义务充当了经纪人的角色。换过装的黄西似乎只是脱去了厚外套，并没有倒饬化妆和发型。这是他亲和谦逊的舞台形象的需要，还是因为他在中国演艺圈的发展才刚刚开始，依然缺少专业经营团队的支持？

和绝大部分演员不同，黄西 40 岁才成为一名全职脱口秀演员。之前他的人生轨迹是中国非常主流的中产阶级精英路线：吉林大学生化专业本科——中科院研究生——美国德州莱斯大学博士学位——留在美国，在制药公司工作——取得美国国籍。

但这一切都因为他长期以来对喜剧创作的热衷而改变了。

在吉林大学的时候,他就写过两个小品,并在学校里演出过。因效果不理想,他当时的想法是觉得自己没这个天分,于是"试过了就算了吧"。

再次开始写喜剧已经是在美国工作之后了。这个爱好渐渐为他赢得了一些演出机会。从2002年在美国第一次登台开始,7年的时间里,他白天是科研人员,晚上是喜剧演员。然后就是2009年的大卫·莱特曼秀和之后在网上疯传并让他在中国一夜爆红的白宫美国电视记者年会的脱口秀视频。2010年,他辞了职,成为全职脱口秀演员。因在中国发展机会越来越多,有半年的时间他成为中美两栖人。终于,2013年6月,他太太也辞了职,带着6岁半的儿子随他在北京定居。他说:"现在我事业已经发展到我和我太太都辞职了。"

2013年,他在央视2套推出周播节目《是真的吗?》,这次来上海则是为了ET聚场(原上海共舞台)《开什么国际玩笑》的演出。一切都看似走上了正轨,虽然他嘴上还是说"我还算不上是演艺圈的吧"。

上海共舞台始建于1927年,是当年上海滩流氓大亨黄金荣的私产,大名鼎鼎的大世界舞台的一部分,现属于上海SMG集团。

与剧场的合作,黄西只要把演出内容准备好,然后双方票房分成即可。黄西说:"我想要搞点规模小一点的演出,反而更难。"

黄西提到的规模小一点的演出,有点像美国的"脱口秀俱乐部",通常在酒吧里。他说:"在国内办一个脱口秀俱乐部比我想象的难得多。这种形式利润小,但对长远来讲很重要。"这成了黄西近期的目标。他说:"你看美剧那么发达,很多演员和编剧都是从脱口秀俱乐部出来的。"

如今黄西大部分的工作在中国,虽然在美国时,他已经有了专业经纪团队帮他打理,而99%的美国脱口秀演员是没有专业经纪人的。但在他看来,"好莱坞或者美国其他演出行业,节奏特别慢,今天你休假,明天那个人又不在什么的,跟国内做事的节奏完全不一样。"他很认真地说:"在国外做事,你得特别年轻才行,因为花的时间比较长。他们体制完善,而且跟你合作的人,比如经纪人什么的,都已经是百万富翁了,对生活品质比较讲究,有度假习惯什么的。"这对于在"奔四"的年龄才出道的黄西,是完全不可接受的。提起在海边晒太阳的那种度假,他说:"我是受不了的。每天我怎么也要写一些东西才待得住,不然太没劲了。"

"奔四"才转行,而且是从科研领域转到离名利最近的演艺圈,有没有想过给自己留条后路?他说:"我活到30多岁才琢磨出来,你要是总琢磨后路的话,真是浪费时间。"提起考研和在美国白宫记者年会上的表演,他说自己都是一门心思准备,没考虑过之后可能产生的后果。"很多老人喜欢给年轻人提供建议,你应该这么做、那么做,其实他们自己都没活明白。"

提到名利纷争,黄西觉得没有哪个领域是世外桃源。"做科研也一样，在学校里申请基金啊，申请职称啊，这些事儿也不少。光做科研，也可以活得很压抑。但演艺界的不同是，没有中产阶级，这是重大区别。科研要是做得中不溜，虽然活得不太好，也可以混下去。"

是啊，在演艺圈，只有大腕和"屌丝"两个阶层。而且往往是一夜之间屌丝变成大腕，虽然人还是原来那个人，表演还是原来那个表演，但在外人眼里，人已经不是那个人，表演也不是原来那个表演。

黄西笑着说："对名利要看得淡一点。退休后，大家都一起去钓鱼，不管你原来是正局长还是端茶的小兵，都在一起钓鱼，就没什么区别了。"

那万一变得不再有名怎么办？他想了想说："还是要看淡一点。做脱口秀，任何一件事都能变成段子，也算是有个精神寄托吧。有人信教，信上帝，我是信脱口秀。"

瑜伽馆主尹岩

在我认识的人里，很少有人像尹岩一样，有着跃然纸上的生动个性。我暗自忖度，这会不会是因为她在北京电影学院读过硕士，并曾短暂地混迹电影圈的缘故？我认识的影视表演行业的人大都有着戏剧性极强的言行特征，这大概是行业特性使然，让人有点人戏难分了。

现在的尹岩以悠季瑜伽创始人兼总裁的身份为人所知。作为中国领先的瑜伽馆之一，悠季在北京、上海、广州三个城市有六个瑜伽会馆和三个瑜伽学院，提供瑜伽练习服务和瑜伽教练培训。

在“奔四”的年龄，尹岩创立了悠季瑜伽。

很多创业大亨，当初选择创业都是被迫的。比如，中国在纽交所上市的诺亚财富的创始总裁汪静波，本来是湘财证券私人金融总部总经理，因当时经济不景气，总公司要撤掉她这个部门，她一咬牙把这个部门买了下来。再比如迈克尔·布隆伯格，他就职的所罗门兄弟公司被并购后，他被解雇，于是创办了布隆伯格信息公司。尹岩的瑜伽馆虽然体量没那么大，走上创业之路也与他们颇为相似。

那时，尹岩是*ELLE*杂志中国版主编，是标准的时尚女魔头。经常出入奢华场所，被品牌公关和明星围绕着。因工作压力大，健康状况不佳，得了甲亢。用她自己的话说，是个“让人讨厌的病”，经常失眠，情绪容易激动。她的下属至今还记得那时收到过她深夜两点多群发的工作邮件，邮件里写着“不想出人头地的员工，是不配在这个公司工作的”。此外，她在公司的工作也不顺利，与上司的合作也谈不上愉快。

重重压力之下，她终于离开了法国出版公司，到印度休假，在瑜伽圣地瑞诗凯诗（Rishikesh）邂逅她之后的人生伴侣和瑜伽教练莫汉。不久后，尹岩在北京开了瑜伽馆，莫汉任瑜伽总监。

很多媒体人创业的方向都与公关、广告有关，因为这是媒体人的人脉优势所在。尹岩也不例外。她最初的创业方向也是公关和广告，和莫汉合作的瑜伽馆只是顺便做的小生意。但没过多久，她便发现，有心栽花花不活，无心插柳柳成荫，于是关了公关广告公司，专心做起了瑜伽馆。

悠季瑜伽发展得相当顺利，尹岩高端大气的经营思路和莫汉沉静娴雅的大师气质完美结合,很快就在业界有了知名度。一次和朋友的聚会中,尹岩透露自己拿了个北京中小企业家奖。从时尚女魔头转型成为民营企业家,如果说那时的她站在领奖台上还有些恍惚的话,那么现在的她早已习惯性地用企业家的思路考虑问题了。

瑜伽带给尹岩的不只是创业,还有思考问题的角度。

她反省说:"以前的我太骄傲了,太不可侵犯了。包括在做主编时和上司的冲突,很多都是因为这个。现在我不再会为了捍卫自己而和别人论是非了。"她开始习惯从自己身上找原因。

她以前的"骄傲"可以从一件小事上得到印证。在初创瑜伽馆的时候,她和莫汉需要去美国出差,因为拿的是法国护照,她没做什么准备,到了领馆才发现护照快过有效期了,她试图理论一番,但还是被拒签了。而她身旁拿印度护照的谦和的莫汉却取得了十年多次往返签证。

2013年,尹岩正式皈依佛教,进入了这个让她觉得开启了另一个智慧世界的领域。她会用"因果"来解释企业管理:"你想让会员续卡,这是果,以前我们都把力气用在营销、销售上。但现在我们所有团队都在'因'上下功夫。为会员做好服务,在最初的三个月内督促他们每周至少上两次课,每三个月做一次检测。会员觉得对身心健康有帮助了,自然就续卡了。"尹岩说:"我现在跟团队讲:我们得让别人成功。别人成功了,我们就成功了。"

14 年前,因为一次印度旅行,她从此和瑜伽结缘,如今她和莫汉已经有了两个孩子。她甚至想好了将来要去印度养老。回首过去,她总结道:你要是在生命中遇到了对你有积极作用的东西,一定得把它留住,延续下去。

尹岩今年 50 多岁了。她每天五点半起床晨练,7 点送两个孩子上学。8 点以后学佛,学国学,思考公司经营。她说:"(人在)30 岁以前活得懵懵懂懂的,真正明白地活着也就 20 年时间。以后的 50 年才更值得珍惜。对我来说,人生才刚刚开始。"我问她:"你觉得你能活到 100 岁?"她很干脆地回答:"我肯定能活到 100 岁!"

莫测高深的配角们

十多年前马艳丽在上海国际模特大赛夺冠后不久,我所在的一家时装杂志社想邀请她拍一组时装照片。那时的模特经纪行业不像现在这样正规,刚成名的马艳丽还谈不上有什么经纪人。同事经过层层关系找到了一位中间人。这位中间人把马艳丽小姐的工作繁忙程度渲染了一番后,提出了4000元的拍摄价码,遂成交。

两年后,我发现这个中间人多多少少是在忽悠。原因一,那次拍摄的两年后,我通过别的关系约了马艳丽做一个采访,发现她本人十分淳朴与低调,并且与那位中间人并不熟悉;原因二,不管多牛的模特,只要是为公开发行的杂志拍摄(尤其是封面),一般只是象征性地收点车马费,因为杂志本身有宣传的作用,通常三五百元就搞定了,顶天了一两千元而已。但那时是时装杂志刚兴起的时代,我们的杂志又是新创刊,大家人脉不够广,大忽悠挣的就是信息不对称的钱。

后来我发现,名利场之所以热闹,主要就是拜这种"忽悠"所赐。这些名利场的配角们,通常比名人自己更乐意维护名人头顶上的光环。因为这光环越是耀眼,反射到他们身上的余光越是强烈,而他们能渔利的空间也就越大。

"配角们"通常活跃在名人周围,有的是名人的亲戚、朋友,有的是经纪人,有的是名人的业务伙伴,比如帮名人出过书、邀请名人参加过活动之类,还有的仅仅是认识上述配角的配角。这些人共同编织起了以名人为圆点的光圈。

他们的首要使命是,把名人高贵化。10 年前在歌星周蕙的唱片发布会上,我目睹过经纪人是如何刻意制造歌星与歌迷之间的距离的。周蕙的发布会比预定时间更早结束,在场许多歌迷拿着现场买的 CD 希望周蕙签名,周蕙本人也很乐意,却被经纪人喝止。而事实上歌迷也是经纪公司请来的。经纪公司既希望发布会现场有歌迷围绕,又不希望歌星与歌迷零距离接触。最好的情况就是歌星如皓月当空,歌迷如众星拱月,他们的明星生意就更好做了。

他们的行为宗旨是,把规则混沌化。不要指望他们告诉你与名人打交道最有效率的方式。他们会根据你对这个圈子的熟悉程度来因人而异地渲染这个圈子的复杂程度。如果你不是这个圈子里的人,他们会把名人吹成神人,把价格说成天价,而后浑水摸鱼。如果你熟知这个圈子的行为规则，或是能够通过此名人找到彼名人，就会发现事情其实容易得多。

他们善于利用名人的名字获取额外的利益，比如头等舱、总统套房、加长房车等额外条件；他们更善于利用名人的名气创造出高高在上的气场。在一次商业活动中，我听主办方向我抱怨，一位影视明星的经纪人一定要拿到出场所有明星的名单和座次，才肯决定是否出场。而我多年前在为杂志拍摄国内某位顶级明星时，则被其经纪人要求提前两周提供发型师、化妆师、摄影师名单及所准备服装的品牌及照片小样，然后他们再决定是否拍摄。这些苛刻的规定，有些是明星本人的喜好，更多的则是配角们的发明。与名人本人相比，这些配角们在"座次学""排场学"上往往有更深的造诣。

因为有了配角不遗余力地烘托与陪衬，名人们拥有着比他们所做的事绚烂得多的光环，并且身价随之水涨船高；可也正是因为配角的夸张与渲染，名人的名气与声誉也容易被迅速败坏掉。

北京曾经的奢侈品专卖店集中地王府饭店的店员讲过一件事。一位明星和她的妈妈走进一家店里，明星去试衣间试裤子。星妈对店员说：知道她是谁吗？店员：知道啊。星妈：知道了还不送给她？店员当然没有送。但这件事情对明星本人的损害绝对比那条裤子的价值高。

花花轿子的名利场

我的画家朋友蔡小松最近很开心。他的作品《天体》系列水墨装置在 2011 年威尼斯双年展上展出。他是作为亚洲顶尖艺术家群体中的代表参展的。这个创意,来源于知名策展人陆蓉之和意大利的迪兰佐(Renzo di Renzo)、德国的李乐(Felix Schober)。这三位策展人共同策划了一个名为“未来通行证——从亚洲到全球”的大型群展,共 100 多位以亚洲艺术家为主的世界艺术家参展,其中包括了村上隆、奈良美智、张晓刚、草间弥生、荒木经惟等掷地有声的名字。以后我再向别人介绍这位朋友时,就可以加上这一句话:他和村上隆、奈良美智、张晓刚等人被并称为亚洲百位顶尖艺术家。

把蔡小松举在这样的例子里,他肯定会不高兴,好像他占了村上隆他们多大便宜似的。但不管你是否淡泊名利,进了这个圈子,就会被热心看客们评评点点，排定座次，并相互比较。在一些场合，是你挤进了别人的轿子；而在另一些场合，是别人挤进了你的轿子。通常的规律是，大家都是先挤进别人的轿子，而后随着自己坐的轿子越来越豪华，就有人争先恐后钻进自己的轿子里来。

如果说蔡小松是被动地被抬上了轿子，很多人则是主动钻进别人的轿子。比如在主演电影《叶问1》前，很多人只是知道甄子丹的名字，却不清楚他在武打明星行列中的地位到底如何。他当时的经纪人在向时尚杂志推介他时，通常是这样介绍：他和成龙、李连杰被并称为亚洲三大武打明星。我有幸接到过一个推荐电话，希望我当时工作的杂志能做他的明星专访。很可惜，作为名利场生产线上的重要环节，时尚杂志通常不会为挤着别人的轿子而来的名人买单，而宁可去追着坐在自己轿子里的大牌。现在的甄子丹已经不需要再借成龙、李连杰来抬高自己了，反而有时大家在介绍李连杰或成龙时会说：这两个人当年就像现在的甄子丹一样，是著名武打明星。

名利场本来就是个花花轿子人抬人的地方。光是几个屈指可数的大腕儿在一起玩儿多孤寂啊，而且都提着气，相互提防着，大家都不自在。不如提携一些后辈新人，一来大腕自己显得平易近人；二来，有众多配角相衬，越发显出主角的光彩。

当然也有人不愿意让别人钻进自己的轿子。在出席公众场合时，常有名人来问主办方有谁出席该活动，然后根据别人的分量来决定出席与否。只是主办方通常也早已熟谙名利场的游戏,因此多半会答:已经确定的有张大牌、王大牌等等,另有赵大牌、李大牌等表示会来。若万一张、王没来,也可以搪塞道:他们临时有急事来不了……

把花花轿子人抬人的本质诠释得最为透彻的莫过于那个笑话:有人向世界银行的总裁推荐他儿子当世界银行行长,总裁说:可我们世界银行不缺人啊。此人答曰:他可是比尔·盖茨的女婿。总裁想了想说:行。于是这人又去找比尔·盖茨说:给你女儿介绍个男朋友吧。比尔·盖茨说:可我女儿还小啊。答曰:他可是世界银行的行长。比尔·盖茨想了想,说:那好吧。于是这个人就让自己的儿子当上了世界银行行长。

请注意,我只是在讲名利场的现象或者规律,绝对没有褒贬的影射。而这个笑话也只是把人性中贪慕虚荣的那一面无限放大了,尽管十分荒谬,却暴露了人性的弱点——谁都想借助更强大的力量让自己被世界认知,从而确立自己的位置,哪怕这个位置是虚幻的。因为名利本就是附着在事物上的虚幻光圈。只是因为这个虚幻光圈能够把利益放大许多倍,自然就会有人来钻营。

但如果有人在介绍你的时候说:这就是和马云齐名的某某。你真的会以为自己和马云是一个梯队里的吗?第一次肯定笑笑就算了。第二次可能就会半信半疑。第三次,你不信,周围的人没准就信了。这个时候,你就已经被轿子抬了起来,想下来都不行了。

他们为什么会红

我在《头脑风暴》电视节目中的录制中曾遇到过姚晨，她来上海参演《杜拉拉升职记》的话剧。当时《潜伏》尚未播出，新浪微博还没发布，她的知名度还停留在后《武林外传》时期。但从她对演员这个职业的评价中，已经看得出她的冷静和睿智："我觉得演员这个职业吧，30%靠天分，20%靠努力，50%靠运气。"当时我对"50%"这个数字印象很深。这在某种程度上反映了她对于"走红"的心态——反正我尽全力了，成不成就是老天爷的事了。当然心态好是一回事，到底能不能红，多少还是有一些规律的。

X 因素

模特经纪公司用"X 因素"来形容那些能走红的模特所拥有的特

质。好莱坞的摄像把那些在镜头里风情万种的脸称为“Open”(开放)的脸,意思是这张脸对镜头完全不设防,能够让镜头随意捕捉到任何一个细微的表情细节。李安曾经称章子怡的脸是“老天爷赏饭吃”,跟这个意思有些相似。这种“Open”或者“X因素”的特质,绝大多数是先天的:比如五官尺寸大,脸盘尺寸小,睫毛卷长,眼睛水灵,肢体动作有韵律……当然也有一部分后天的因素,比如对角色的理解以及演技等。我的感觉是,包括演艺工作,只要是跟创作、创意有关的工作,都需要有这种“X因素”。在文字或者视觉创作领域,人们会用这个人“灵不灵”形容这人有没有“X因素”,这时的“X因素”代表的是感知力是否细腻、情绪是否饱满、认知是否深刻等等。王菲、周迅、梁朝伟是典型的X因素超强的当红明星。

努力

“X因素”不强,也可以走红,只要够努力。刘德华是其中的典型。无论是和周润发、张国荣还是梁家辉、谭咏麟比起来,刘德华在歌艺、演技上都显得“灵气”不足。但老天爷相当公平,关掉你的一扇门,就会给你留一扇窗。现实中的情况是,十分有灵气的人往往不是恃才傲物,破坏了人际关系,就是相当懒散,拖慢了工作效率。这就给努力的人留下不少机会。刘德华从影30多年,拍摄了130多部电影,20多部电视剧,还发行了50多张唱片,留下数不清的脍炙人口的歌曲,成为娱乐圈当之无愧的天王。而范冰冰有望成为中国大陆的女刘德华。据统计,范冰冰 2009 年拍了 9 部电影;飞行航班 180 余次;代言了 40 多个广告;出席商业活动 37 次;一年 18 次登上知名时尚杂志封面……如果她能像刘德华一样持续这种工作强度和敬业程度,不成女天王也难。

执着

努力 1 年很容易,努力 10 年就很难,努力 30 年就更难了。我是从小说《风声》才知道麦家的。不久前见到他时,才发现他从事谍战题材的写作已经十几年了,而且最初写的小说《解密》甚至没人愿意出版。但即便是在那样的冷遇下,他也没有放弃过谍战题材的写作。典型的例子还有著名网络作家当年明月。他从小就喜欢读史,并决定写一部让人有兴趣读下去的明史。每天下班后,他就回家在网上发帖子,直到写成网络爆帖,在成为超级畅销书作家后的十几年中也没有停止过。

运气

你说,像凡·高那样,生前没有红过,死后大红大紫,究竟是幸运还是不幸?在名利这个不能为人所控制的领域,也许姚晨的心态是最明智的:随它去吧。易中天在评价自己的走红时说过:“我从来就这么说的,说了一辈子,碰巧上了《百家讲坛》,碰巧大家喜欢而已,没有什么。”很多时候就是这样,用尽心机、费尽脑力,拼了命想红的人,就是红不了;那些懵懵懂懂、糊里糊涂的人偏就红了。姚晨参演电视剧《武林外传》的时候,很可能更多是觉得好玩儿,而不是一味想红。这种你控制不了的东西,还是不去想为好。但运气的比例真的像姚晨说的能占到50%吗?我看未必有这么高。姚晨之所以把它说得那么高,是想让自己面对“红”与“不红”的时候更淡定些吧。

请名人帮个忙

请名人帮忙题个字、说句话甚至什么也不用做，只是出席个饭局，可以提升影响力，满足一下虚荣心，这是共识。但如今影响力就是钱。连微博转发这样的举手之劳都已经明码标价，更何况其他的帮忙？再说“名气”本身就是名人的核心竞争力之一，他们又怎么会乱用？因此请名人帮忙就成了一件十分复杂的事情。

其实说复杂，也不复杂。如果你愿意按市场价把名人的名气变现，就很简单，无非是价码的问题。比如有人想请知名主持人主持自家婚宴。通常名主持是不屑于主持婚宴的。谁愿意在台上费力表演的时候，被台底下一张张嚼着牛肉、喝着啤酒的嘴巴对着呢？但是如果价码开得足够高，没准儿张名人不愿意，李名人就愿意了。

但若是既想沾名人的光，又不想付钱，就得看你和名人之间的私人关系了。

章子怡的哥哥结婚时,各大娱乐版多是“章子怡全程出席”之类的报道。那是她亲哥哥,她能不出席吗?在她哥哥眼里,她作为妹妹的身份远重于她的明星身份。但若是她哥哥的朋友想让她出席自己的婚礼,就没这么容易了,给20万元现金恐怕也不行。

有位主持人跟我抱怨过她妈妈拿她作为炫耀的资本的无奈。因为女儿天天在电视上出现,她成了妈妈跟朋友社交时的主要话题。应朋友之邀,她妈妈经常要求名人女儿出席自己和朋友圈的聚会。为了逃脱这种无聊的“炫耀性消费”,她跟母亲约定,以后陪她出席这样的场合,一年不能超过两次。

与名人有业务往来,并且在业务往来的时候让名人对你有好感,也可以让这种“帮忙”变得轻松惬意。比如:你恰好是名人所创公司的业务骨干,或者你为名人提供了出色的私人服务等等。有些摄影师、化妆师、厨师就和名人成了好朋友。他们不仅可以让名人与自己合影,可以拿这些合影装饰自己工作室或餐馆的墙壁,甚至有的还可以在开新店的时候请名人到场祝贺,而且是免费的。这里面很大的原因是,他们以前合作愉快,以后还要继续合作下去。

但名人与名人也是有区别的。有的名人随和些,真性情些,遇见相处愉快的人,并不以名人自居。偶尔有见过两三面的人有事相求,举手之劳的事,也就答应下来了。有的名人就拿腔拿调些,不愿让自己的名气就这么打了水漂。不要说请他来吃饭，就算请他合个影、签个名，也未必愿意配合。不过这些名人也有他们的苦衷，因为一旦开了这个口子，求他们帮忙的人就越来越多了。这就好像在酒桌上喝酒，你若是和老张喝了一杯，却不和老李、老王喝，就要得罪人了。索性说自己不会喝，反而太平。举个例子，有个知名畅销书作家对我说，很多认识她的人都找她写序。后来她想出一招：免费的，一篇不写；收费的可以写，5000 元一篇，明码实价，不打折。后来，就再没有人来找她了。因为对书商来说，花 5000 元就可以在网站上为书做广告推广了，谁还找她写序？

即使名人找名人帮忙也未必能成。乔布斯在一个宴会上曾经托克林顿总统找汤姆·汉克斯为他的广告配音。克林顿总统采用“拖”字诀把这事儿搅黄了。其实事情黄了的原因也逃不过下面三种：一，乔布斯和汉克斯不够熟；二，乔布斯不愿出汉克斯开的价；三，汉克斯不喜欢乔布斯。

名人是有喜好的。若是喜欢，不给钱也可以帮忙；若是不喜欢，给钱也不帮。请名人帮忙，实质上就是让“名气”这种商品以友情价变个现。只是这种商品比较特殊，至于友情价是多少，或者能不能买得到，就不一而论了。

职业的魅力指数

投资银行家王冉在博客中评论:韩寒有三重身份——作家、赛车手、公众知识分子。就他的个人魅力而言,三种身份的排序是:赛车手、作家和公众知识分子。就他的商业价值而言,三种身份的排序是:作家、公众知识分子和赛车手。就他的主流社会影响力而言,三种身份的排序是:公众知识分子、作家、赛车手。我还想再加一个,就他的时间投入而言,三种身份的排序很可能也是赛车手、作家和公众知识分子,碰巧和个人魅力的排序相同。

当然,这绝不是说,你投入的时间越多,你的个人魅力就越高。拿写《明朝这些事儿》的作家当年明月来说,他在海关的公务员全职工作占据了他每天的 8 小时,但他的魅力、知名度以及收入却来自下班后书桌前那 3 小时的奋笔疾书。

虽说三百六十行，行行出状元。可是我觉得，每一行的性感指数或者说魅力指数，还是有很大差别的。比如投资银行家和四大会计师事务所合伙人，两者的收入可能不相上下，但前者就比后者有魅力得多，尤其是那些热爱出镜的投资银行家，如果再不经意地提及最近自己处理的企业上市的案子，就更迷人了；再比如电视制片人和主持人，虽然制片人的收入和权力都比主持人大很多（最有名的主持人除外），但主持人的光芒肯定远远超过制片人；再比如供电局职员和电影杂志影评人，怎么听都是影评人离名利场更近吧。若干年前，我还真认识一个从供电局转行到电影杂志当编辑兼写影评的人。很幸运，他成功了。可如今供电局已成为中国大学应届毕业生心目中的梦想工作——利润丰厚的央企，而他当年跳槽而去的杂志却已关门大吉。但愿今天再回想起来，他不会把自己当年的转行重新定义为“很不幸，我成功了”。

和他一样，很多看似光芒四射的工作所能带来的收入却十分有限。我遇见过一位上海戏剧学院表演系毕业的话剧演员，在参演一部电视剧的时候对我说：“我的很多同学，演一集电视剧的报酬只有900元。”他们的年收入肯定不如供电局的业务员。而且因为要迎合职业“光环”的需要，他们还得把有限的收入投入对这个光环的营造上：买名牌衣服、出入高档场合等，因此若论房产、股票等个人财富的综合经济实力，就更不能与供电局的业务员比了。

但名利场需要的正是从事着魅力指数高的行业中人。大腕当然最好,请不来大腕,小腕也可以。而这些行业有个特点:你出大名了,往往也就意味着要赚大钱了;而如果你还没出名,那对不起,很可能收入连普通的白领都不如。

名利场中有太多无名、无利但却从事着魅力行业的人:时装设计师、模特、摄影师、小演员、奢侈品公关、时装编辑、不知名的艺术家……他们所从事的多为创意性、表演性、艺术性等够炫、够有趣的工作,他们的行为方式也有共同点,就是打扮华丽、言谈有趣,而且多半消息灵通,是热闹喧哗的名利场不可或缺的一分子。

但即便无利可图,被照相机的闪光灯和摄像机的照明灯映照得格外夺目的名利场也让众多人目眩神迷,这大概是为什么众多公子哥儿、姐儿爱往这个圈子混的原因之一吧。谁不想成为追光灯下的明星呢?

我有位在上影厂工作过的朋友接待过多位想投资电影的资本大鳄,他们有做木材生意的,也有做医疗器械生意的,最近我有位做照相机零配件生意的朋友也意欲投资电视剧了。都说一个好的工作要具备三个“F”要素:Fun(趣味),Fame(声望),Fortune(财富),大概他们虽然有大把“Fortune”了,却缺少“Fun”,更缺少“Fame”,以至于守着巨额财富倍感寂寞了吧。

专业人士有“钱途”吗？

跟电视台的一位制片人聊天时发现，她特别希望知道，专业人士的“钱途”。为了获得更多的报酬，她接受了由编导到制片人的提升。但她最开心的时刻还是剪片子、改台本的时候，也就是在做编导工作时，因为可以静下来做点喜欢的事，不必再和其他众多部门打交道。尽管制片人这个职位的光环多多少少满足过她的虚荣心，但体验过制片人的收获与付出之后，她发现最理想的职业状态还是做一名资深编导，但最好薪金待遇并不比现在的制片人职位低。

究竟有没有这种高薪专业人士的职业状态呢？有。而且将来会越来越多。事实上，因为中国就业市场重赏管理人才而慢待专业人士，已经造成了众多资深优秀专业人士向管理人才的转型，从而使基层技术人员普遍呈现出年轻化、平庸化的态势。

就拿我最熟悉的媒体行业来说,好多金融界的高管都指责中国传媒界缺乏优秀的财经记者,他们最喜欢拿英国《金融时报》或者《华尔街日报》的资深记者写的稿子与中国记者的稿子进行比较,指出人家字里行间那种因为对行业、对人脉摸得烂熟而包含的海量有价值的信息。再看看中国财经记者写的,有的甚至还停留在名词解释的层面。我可以告诉他们,那是因为在中国做一名财经记者是拿不到体面的薪水的。很少有媒体能够为一名至少工作 5 年以上、英文流利、懂公司经济、擅写分析报道的财经记者支付年薪 30 万元以上的薪水。而在财经记者采访活动密集的城市北京和上海,没有这样的待遇很难买房、买车,生活得体面。你怎么能够期待一个活得并不体面的人以平常心天天去采访上市公司的高管呢?于是出色的财经记者们要么转型成为编辑、总监,主要担任编务管理工作而脱离了采写一线,要么就干脆转行做金融家了。而活跃在采写一线的,则多是大学毕业两三年的新记者们。不久前我见到一位《香港商报》的老记者,听他说起一块地产的前世今生,很过瘾,因为他已经跟踪采访十几年了。但遗憾的是,他能够在记者的岗位存活下来的原因是他同时兼职销售报纸的广告。广告的提成让他可以在经济上很从容地继续做一名专业人士。当然,这两种角色一定是冲突的。当他在服务地产商客户的时候,你很难指望他对后者做客观报道。

我在英国或美国的朋友们的日子则好过很多。我听说过有一些资深专业人士宁可继续目前的职位也不当总监的，或者因为薪水不相上下，或者因为总监薪水高些，但付出的时间与代价更高。因此考虑到自己的性格喜好，他们可以十分有尊严地向一个更体面的职位说“不”。这是多么令人羡慕的一种姿态。

据一位通信行业的工程师说，在他们行业里，做研发的技术人员待遇同样比不过当经理的，而且差得不是一点点。不过在信息技术领域，有些资深的研发人员可以拿到比销售经理更多的报酬。

专业人士拿得比老总还多，在官本位历史悠久的中国是个让人很难适应的事。但如今电视台的老总已经渐渐习惯主持人拿得比他们多了，经理、总监们慢慢适应自己管着的专业人士拿的薪水比自己多，也是迟早的事。前提是，这个专业人士真的很牛。

03 怎样才能更像总监

上海 CBD 的贵妇与男仆

如果伦敦、香港等地 CBD(Central Bussiness District,中央商务区)的人穿着可以用专业、干练来形容的话,上海 CBD 的人,尤其是女人,穿着不仅专业干练,还多了几分魅惑——这可能是因为深色套裙没遮住的雪纺花边,也可能是因为裁剪合身的小黑裙腰间那根炫色腰带,或者是因为脚上蹬的紫色细高跟鞋。用我的一位在伦敦、纽约、上海 CBD 都工作过的美资公司男性高管朋友的话来说,上海 CBD 的这帮白骨精们,一出办公室,不用换衣服就可以性感妖娆地去约会,外套一脱就会女人味儿十足,一点都不会被办公室里的专业气氛影响。此外,这些女精英们无一不是身材窈窕,踩起高跟鞋婀娜多姿。相比起来,香港 CBD 的女士虽也苗条,却显得有点干瘦,且喜欢穿平跟或中低跟鞋,看上去过于中性。而伦敦常见丰腴"大嫂"型的人物。巴黎的女人又太傲慢了,让人不敢亲近。

如果说上海 CBD 的女性在外形水准上高于其他城市,那么 CBD 男士们的衣着水准就大大低于别的城市了。他们的西装外套总是不够合身,通常都是显得略大半码,因而身型就不够挺拔,当然这或许也部分因为他们的身材缺乏运动和锻炼;衬衫总是不收腰的款,软软的没精神;裤子的板型也远跟不上潮流,他们很少有人穿显示腿型和臀型的紧身裤,即便有个翘臀也被埋没在松垮的裤子里了。至于鞋子,就更少能给人带来惊喜了。那种俊美的意式尖头皮鞋,只能从偶尔经过的金发碧眼的西装男脚上看到。若是在上海陆家嘴或南京西路的高级写字楼外的星巴克户外阳伞下蹲点一天,外形上给你留下印象的绝对是上海女人和西方男人。西方女人看上去大多像管家,身材丰腴而健壮,职业装过于职业而且有点中性;而上海男人则像是上海女人的男仆。

在近年来最经典的电视剧之一《甄嬛传》中,不仅饰演甄嬛的演员孙俪是上海女人,剧中人物甄嬛的个性也可以说是上海女精英的写照:看似百媚千娇,实则内心强大,心思缜密,绵里藏针。当然,偶尔也可以展现点千娇百媚——如果对工作有用的话。所以在上海 CBD 的办公室里听到女性莺声燕语的发嗲声并不奇怪。事实上,男同事也很喜欢女同事偶尔发发嗲,注意,只是偶尔,好给自己制造点显得很男人的机会。我有个香港女精英朋友就羡慕嫉妒恨地评价过上海职业女性，说她们老虎扮猫——假装柔弱。她说："香港话太硬了。香港女人想扮柔弱都扮不来。"

当然，穿得再美、声音再嗲，若没点真本事就想在写字楼里升迁是绝无可能的。因此，敏锐的思维、高效的执行力和源源不断的激情和旺盛的精力才是最终的制胜法宝。这一点，想必全世界都是一样的。

怎样才能更像总监

有位新近被提拔成副总监的人问他的资深总监好友:怎么样才能更像个总监?资深总监想了想说:当着当着就像了。

这其实是暗示他打“时间”牌,让人们习惯成自然。通常人们不仅敬畏学历,也敬畏资历,当了10年的总监,哪怕能力再差,看上去也比刚提拔的总监顺眼些。

但是有些总监就是比其他总监看上去更像总监,除了熬资历,他们还熬制了一些权威。

我亲历过前后两位总监主持的会议。在前任的会上,大家事先都做了发言准备,并统一将手机放到震动挡,期间无一人离开倒茶或如厕;而在后一任的会上,有打电话的,有发言的时候说没意见的,甚至还有中途离场的。

其实就专业能力而言，后一任比前一任还要强，但就是没有前一任有权威。而这种权威，因为让下属滋生了恐惧，有时可以收到事半功倍的管理效果。

罗马不是一天建成的，权威的培养也需假以时日。

首先，你要精力过人。把上下级可能提出的问题预先想好，永远不让自己处于无准备的状态中。有位新上任的总监为此每天只睡两三个小时，第二天早上就又像充好了电的手机一样准时上岗了。

其次，你得擅于使用“沉默”战术。面对提问，不回答；看到邮件，不回复；收到短信，不回应。并在会议上故意制造大段冷场，来强调对某个问题的不满意。沉默，除了能赢得时间来继续思考外，还能给对方留下莫测高深的印象。而莫测高深，正是权威生长的最丰沃的土壤。沉默还有一个好处就是，在时机成熟时，你随时可以破冰。比如，你可以拣起一封被打入“冷宫”两个月的邮件回复说：这么重要的邮件居然漏看了……然后再坚定地表达你的决定。

有些权威是被很坚定地树立起来的，有些权威则是在总监们的反复无常的决定中树立的。有的总监很擅于否定自己。我就遇到过这样一个奇人：周一提出的方案，周二被他自己推翻，周三又改良了一下，周四想想不妥，又回到周一的方案。兜兜转转的代价是，大家连续四个晚上开会到凌晨，所有下属都没有脾气了，局面变成了：老大，您说 1 加 1 等于几就等于几，只要能让我们回去睡个安稳觉。

距离感也是营造权威的重要手段。好几个人跟我抱怨过那些高居总监职位的老同学、老发小们为何不懂得提携故人,原因就在于:太熟,没有距离感!他那苦心经营的权威,很可能被你的一句“还记得那个没泡到手的女孩吗”毁于一旦。此外,你能够板下脸下训斥当年上下铺的哥们吗?因此能够同时跨界合作伙伴、同事、发小、同学、亲戚等几个领域的人还真不多见。通常能跟你回忆青春的人,往往没法一起做生意,大概就是因为关系不够纯粹,需要顾及的因素太多吧。

以上因素虽然重要,但与“破坏力”比起来都是小儿科。让总监最像总监的因素是他能在多大程度上左右上级,并破坏下级。让不听话的下属坐冷板凳,把事儿办得不漂亮的员工调离……从这个角度衡量,在一些机构,很多副总监比总监还像总监。

头衔有多重要

头衔,归根到底是为了满足人们相互间“比”地位高低的心理需求。对于不相识的人,即使在完全不了解的情况下,也可以根据头衔来确定座次。

这就可以解释为什么有的副总监一直耿耿于怀于自己头衔中的那个“副”字了。我恰好认识这么个人,他其实只是一个部门下的一条产品线的副总监。这个副总监一做就是三年,总监的位置一直空缺。和他一起工作的还有两个头衔为“主任”的年轻一点的同事。他和这两个年轻同事都在做着一些具体的业务,各有各的分工。有趣的是,在业务线上,这两位年轻同事并不向他汇报,而是与他一起向部门总的领导“部门总经理”汇报。在多次向部门总经理暗示自己能否升职为“总监”后,总经理依然不接话,于是他很郁闷。我问他:升总监会加薪吗?他说:肯定不会。所以他主要还是为了满足社会尊重的需求:水平和我差不多的人都有了“总监”的头衔,单单我没有……

我的建议则是不如换位思考一下部门总经理的真实想法。可能性有二:一是他认为这条产品线并不一定需要总监一职;二是他并不觉得副总监能胜任总监一职。

这样就可以化郁闷为取舍。到底是为了“总监”的头衔跳到另一家不比这里好的公司呢,还是委屈一下自己的虚荣心在这里直到熬成总监呢?

有的公司故意把汇报的条线搞得不明不白。明明公布了头衔的提升,却不公布汇报条线的改变。这其实是在试探你到底有多少能量,到底有多少野心。比如把头衔由“主任”提升为“副总监”后,有的“副总监”可以迅速履行起总监或代理总监的职责,而有的“副总监”则依旧是顶着“副总监”头衔的“主任”,甚至是顶着“副总监”头衔的业务员。当然,也有一些总经理就是喜欢手下的人永远是“业务员”,永远可以能上能下干第一线业务员的活儿,永远不以管理人员自居。碰到这样的总经理,若是显示出太强的管理才能,没准儿就到了和这家公司说拜拜的时刻。

还有乌龙升职的事。通常的升职是由分管主管发信告知全公司同事。有的人则是未经公示稀里糊涂地升了职。举个例子,某次会议上提了一下，当事人被口头告知了一下，工资也升了，但是始终没等到那个统发邮件。这只能说明一点：对这位同事的升职，各相关部门中高层的意见并不统一。既然让这个讨厌的人享了升职之实，那么就摆点乌龙恶心他一下，算是满足了反对者们的一点小私心吧。

最有趣的是有的部门里全是副总监和总监，干的却又都是业务员的基层活儿。这种事通常发生在一家业务稳定的好公司里，大家都不舍得离去；这也同样说明他们做的是一件好产品，能够一直在市场上笑傲江湖。至于头衔嘛，则纯粹是为了满足大家被社会尊重的需要：如果做了十年还是一个技术员，看上去不是很没长进吗？

殊不知，技术员和技术员之间有天壤之别。但这只有极少数业内人士才知道，其他的人并不知道。为了让更多不认识的人知道自己活得很好，为了杜绝势利眼们对自己的冷遇，虽然做的是同样的事，拿的是同样多的钱，头衔的升级还是可以带来社会地位升级的隐性福利。这大概是很多人没考虑到的吧。

你为什么读 MBA

GMAT 考试的主办方美国非营利机构 GMAC(Graduate Management Admission Council)每年都会对考生进行一些调查。2009—2010 年度的调查结果显示,中国的考生相当有特色。

最大的特色是,中国 63%的 GMAT 考生是女性,这个比例美国是 39%,印度是 24%。而且中国女性通常在大学毕业前 7 个月就决定报考 MBA,并开始进行注册、考试、申请等一系列准备工作,可以说相当有战略前瞻性。而相比之下,美国女性通常在大学毕业 26 个月后才决定报考 MBA,印度女性则是 32 个月。

那么为什么报考商学院呢? GMAT 中国女考生给出的答案也相当独特:她们更多是为了社会认知,赢得他人的尊重,相比之下,职业发展并不是她们考虑的重点。而印度女考生则认为社会认知和职业发展同等重要;美国女考生更多是为了家庭。

在读 MBA 的顾虑中,世界各地的考生,无论男女,最担心的都是读 MBA 的费用问题。除此之外,中国考生更在意的是拿到 MBA 学位后到底能赚多少钱。与印度考生相比,中国考生并不在乎读 MBA 的费用,而是更在意这个 MBA 到底读得值不值。对读完 MBA 预期收入的不确定性,中国考生无论男女,都显示了更多的担心,其次才是担心耽搁了工作机会;韩国人更担心因 MBA 课程影响了私人计划;美国人则担心花的时间太多。

而在读商学院的费用来源这一问题上,中国考生的父母显示出过人的慷慨。36%的中国考生表示有父母资助;这个比例,印度是 12%,美国是 9%。

对于人生中最重要的事是什么,62%的美国人、64%的韩国人、60%的印度人选了家庭和孩子,中国考生的这个选项则是 50%,和欧洲考生的 47%很接近。相比之下,美国人最看重家庭和孩子,其次是财务安全;印度人最看重事业,其次是家庭,再次是财务安全;中国人家庭、事业各占 50%,第三看重朋友和熟人,凸显了中国人情社会的一面。

学完了 MBA 后你想进哪一行呢?对于这个问题,中国 MBA 最想进入的行当是金融/财务领域,占 45%,为各国中最高,这个比例印度是 28%,美国是 33%;而最被中国 MBA 学生冷落的行业是卫生保健行业,只有3.9%,这个比例在美国是12%,印度是6.3%。

综上所述,印度人对MBA的态度坚定而执着:为了事业,为了事业,为了事业;美国人对MBA的态度则充满了个人色彩:为了家庭,为了自我满足;中国人对MBA则像商人一样精于算计:我花一倍的精力和时间读个MBA后,最好能得到翻几番的回报,不然就亏了。

你呢,如果你也想读MBA,为的又是什么呢?

陌生的老朋友

有两个大学同班同学如今在同一家国有大集团工作,一个任职副总裁,另一个是旗下众多分公司之一的部门副经理。我问副经理同学:见到副总裁老同学,你怎么称呼?他说:当然得叫“总”啊。也是,若还像大学期间直呼其名甚至外号,会让周围的同事浑身不适。不多心的,以为这两人在叙旧;多心的,还以为他们公然搞小帮派呢。

连皇帝都有三门子穷亲戚,何况平头百姓?但生来就有的贫富差异,经过多年适应,大多数人可以做到波澜不惊。最难适应的则是当年和自己在同一处摊头吃饭、同一间房睡上下铺的知己骤然富贵。

亚当·斯密在《道德情操论》中说:一个骤然富贵的人,即使具有超乎寻常的美德,一般也会不令人愉快。因为嫉妒,亲朋好友不会发自内心地为他高兴。老朋友发现他的地位突然高过了自己,会感到尊严受到了冒犯。

冒犯感无处不在。前不久有位画家向我提起,我们共同认识的另一位画家这两年发达了,座驾刚换成了保时捷,最近又赴意大利南部采风两个月,坐头等舱来回。这话若是来自不相干的人倒也无妨,但来自一个当年朝夕相处的人嘴里,就带着股醋劲儿。

而醋意的浓淡,会随着富贵起来的那个人的谦逊程度的高低而有所不同。若是后者的谦逊程度超出了预期,非常低调,糟糠老友才会心满意足地表示:你小子没忘本。但若是这样,就轮到富贵朋友发作了:老子全凭自己打拼走到今天,如今好不容易能够停下来得瑟得瑟,凭什么还得为了顾及你的自尊心憋着忍着啊?

对于这种"醋"劲儿,现代人已经相当宽容。年轻人流行的口头语已经变成"听说你过得不好,我也就心安了",或者"说点让你不开心的事,让我们开心开心"。对亚当·斯密总结出的人性中不那么高尚的情操,人们不仅表现得十分尊重,甚至可以说遵循的是"不高尚至上"的准则。但这也只能调侃一下而已。真遇到了撞大运的朋友,你还真去撞墙不成?

金钱与地位的悬殊会造成许多方面的疏离:关心的话题,对同一件事的感受,人脉网络的差异……你还在为三房两厅奋斗,他担心的则是新投资的海边别墅回报率到底有多少;你骂油价又涨了,他则为新近买的石油股欢呼……若此时你还心心念念于老朋友"变了",问题很可能出在你的心态没有与时俱进。

疏离的另一个原因则是由于利益。

和一位上市公司老总当年在大学里睡上下铺的兄弟，前两年还经常讲一些那位富贵老友的青春期八卦。听说他也曾希望在睡在上铺的兄弟公司里谋一份职，未果。如今，已不再听他提起那个如雷贯耳的名字了。因为念旧情，一起谈谈当年的傻事是一回事，希望富贵老友伸手相助又是另外一回事。甚至，很可能只因希望他伸手相助，结果反而断了旧交情。旧交情是拿来回忆用的，不是用来变现的。

人脉与影响力的不对等也为维持进一步交往制造了障碍。

我遇到过一位演员。她的经纪人在介绍她时说，她是章子怡的大学同班同学。这句注释也许能为她在报纸杂志上的报道增添些话题，但不知她的名人同学是否乐意。

只有在遇到无论贫穷与富贵都可能会蒙受的厄运时，老朋友们才又不再顾忌那些身外物的牵绊，重新聚到一起，比如：婚姻触礁时，得了绝症时，等等。往往到了这个时候，很多人才会发觉，原来那些地位相似、财富相似的人脉与朋友，没有一个是能坦诚相待的。还是当年分一包烟抽的上下铺的兄弟更可靠些。

维护名气的工作量

如今的娱乐媒体对明星变得越来越刻薄,明星妆容完美、衣装得体的照片只能做衬托,而明星醉酒、衣服走光、挖鼻孔的照片就可以上封面,可以说是“好事不出门,坏事传千里”的娱乐版解释。这对希望保持完美形象的明星们提出了更严苛的职业要求。想塑造美女的形象从而获取更多的广告代言吗?请每秒钟都保持妆容完好以及自然的微笑。这种工作强度,与天安门国旗班有一拼。

社交媒体的崛起为名气的经营增添了又一项业务:为粉丝团提供 24 小时大大小小的行为报告。网络追求的是阅读人数、粉丝数、转发数,只要有足够多的关注,就会有商机出现,网络和社交媒体成功地黏住粉丝们,让他们随时关心明星们的一言一行,从而不会被别的明星吸引走。这意味着想做明星或名人,你必须养成一个日日记、时时记甚至分分记的习惯，用电脑、用手机，随时向网民汇报所见所闻。

不是所有人都擅长这项工作。许多名人把这个工作外包给经纪公司、私人助理或者网站名人博客编辑了，但外包的代价是，一旦真相泄露，将对粉丝造成巨大伤害。新浪微博开出不久后，我曾有幸受邀成为戴“V”帽子的微博博主，那时的“V”资格还是比较稀有的，可惜我是“扶不起的阿斗”，在 6 个月内只发了无病呻吟的 4 条微博，结果被认为太不努力，编辑威胁我取消“V”资格。这时我才明白，原来这顶“V”帽子是有隐性附带条件的。换个角度想一下，不过假若我戴上了这顶“V”帽就成了名人，被取消了就成了非名人，那看来我头上这顶“V”帽的含金量也太令人怀疑了。

但我的这种想法在另一些人看来过于消极、被动。在他们眼里，名气是可以通过精力的投入和金钱的投资来种植、浇灌的。我遇到过一位畅销书作家，他对我说，在他的一本新书上市不久，没有收到多少版税的情况下，他已经投入了数万元对这本书进行网络推广宣传，买文字链接、发帖子等。显然他对“名气”的运营得到了超额回报，现在这本书已成为畅销书，而他也已靠版税付了房子的首付。我问过他，你觉得这本书的畅销有多少是靠营销？他说，70%吧。这是一个我无法接受的比例。但从和他的对话中，我意识到自己的那种无为而治的写作方法大概的确已经与这个时代格格不入了——如果我还指望能靠文字挣点钱的话。于是我决定在网络营销上多投入点精力,使得我的读者至少能够在网络上找得到我。这时我发现也许有人天生就适合做网络时代的名人,热爱并擅长和粉丝们沟通,而有些人则完全不擅长在不认识的人面前表现自己,甚至有人在不认识的人面前,都不知道该说什么。在名气直接影响着收入的眼球经济时代,这种经营绝对是个新课题。就像刚走入社会的人突然发现,原来分数高低并不重要,人情练达才是关键一样,网络时代的人也需要明白,原来能力高低是很重要,会不会利用各种网络工具经营和推广自己,也许更重要。

经营名气还包括需要经常出入各种被媒体瞩目的场合,比如奢侈品发布会啊,名人荟萃的慈善拍卖会啊,上电视啊等等。当然,这些场合不是你想去就能去的,但可以争取。比如我认识的一位画廊经营者,当他从一些媒体朋友口中得知这样的活动时,会打听主办方的联络方式并且主动向他们自荐自己,以获得受邀资格。而一旦获得邀请后,在他的社交媒体上,也许他就已经变成了和出席这些活动的名人们平起平坐的“名人”。

但这种“掺水”式经营不能多做。时间长了,就会像“西太平洋大学”一样,老底被揭穿。网络捧红一个人也许不太容易,但捧杀一个人却一点儿也不难。

媒体利用法则

因为长期就职于媒体编辑部门，工作范围包括对各路精英的采访，我见过太多盛名、著名、小有名气或几近有名的人。他们中的大部分对编辑部的人十分客气，有些人甚至愿意用一些小礼品取悦编辑，处在名利场的人太清楚媒体的力量了。

但媒体其实是最势利的。趋炎附势、落井下石可谓是媒体最真实的写照。举个例子，李冰冰荣获金马影后，并且有《云水谣》《风声》等不错的作品，媒体便蜂拥而至，邀请她拍杂志封面；而章子怡身陷“诈捐门”事件时，媒体只会忙着搜集罪证，唯恐让竞争对手抢了先。

通常媒体最喜欢的是正当红的人，事业处于上升期，并不断有新题材可供写作发挥的，比如片约、广告约不断并且闪婚的大S，就是最佳采访对象，事业和生活都很有文章可做。而对红到发紫、红过了或者因为媒体曝光率太高以至实在写无可写的名人，媒体便会冷淡一点，实在“没人可做”了，这些人也可以拿来“做一做”。我有位媒体朋友戏称他们为“咸鱼”，平时算不上好菜，实在没菜了，也可以勉强凑一个。而对“小名人”，媒体便会傲慢很多，不管是采访的迫切程度还是给出的版位及版面大小，规格都会降低。但以我多年的职业经验，这一块其实是最有学问的，经营得好，媒体和“小名人”可以双赢。如果媒体乐于在“小名人”事业徘徊期时搀扶一把，等到“小名人”摇身变成“大名人”时，媒体就能更方便地拿到不少让竞争对手眼馋的猛料；同样，“小名人”若能争取到媒体对自己的优待，在通往名利的大道上，也能走得更顺利些。

那么媒体和“小名人”怎么才能最好地相互利用呢？对媒体来说，一是要有慧眼识珠的伯乐眼神，能从一堆“小名人”中发现潜力股，独家追捧。现在的国际名模杜鹃在寂寂无闻时，被 *Vogue* 杂志中国版看中，陪当时世界名模吉玛·沃德(Gemma Ward)一起拍摄 *Vogue* 中国版创刊号的封面。因 *Vogue* 的力捧，杜鹃一年后出现在巴黎时装周的 T 台上，成为重量级国际超模。可以说，在同龄人中间，学芭蕾舞出身的杜鹃有着过人的心理承受力和吃苦耐劳的素质。这是她能被“捧”出来的必要因素。二是要挑懂得知恩图报的人。有不少大明星对当年不太红时帮助过自己的媒体以丰厚的回报，也有不少人在成名后完全不认为自己的成功与媒体的报道有什么关系。

一旦媒体与名人之间的相互期待落空，不但不会双赢，反而会结下梁子。对“小名人”来说，一是要理解媒体需要的内容：一点点无伤大雅的人际关系上的是是非非，最好拿好朋友开涮；一丁点儿成功背后略显自己阴暗面的隐私，一些些挫折过程中世态炎凉的际遇。如果能把这些内容通过自嘲、搞笑的口气讲出来，就可以得满分，获得媒体的垂青。这时，你就可以夹带一下自己正在经营、并需要媒体宣传的事进去了。二是要理解媒体人对一位名人的需求。媒体人大多是文化人。他们不仅期望在名人身上看到专业素质，还期望看到道德素养，并习惯得到名人们的尊重。章子怡一路走来早期甚少得到媒体的眷顾，大部分媒体对她身陷非议持幸灾乐祸的态度，是因为她的经纪人对媒体态度比较恶劣，并且她自己那时也缺乏高质量的作品。

唐骏在利用媒体方面堪称一代宗师。他面对媒体一贯谦逊，讲话爱自嘲，并且总能把自己正在做的事绘声绘色地以媒体感兴趣的方式告诉媒体。即使在他遭遇“假学历”事件后，我还遇到过一位采访过他的媒体人唏嘘：“他人真的不错的。跟他约采访，他从不迟到，并且对我的迟到毫不在意。”这样的人，让媒体不喜欢也难。

名利经营的长短线

因为参与过一部电视剧的拍摄工作，我得以了解这个行业的大概。中国年产电视剧1.4万集，为世界第一，但仅有3000集有机会播出，剩下近80%的剧集直接做成DVD了。你我都知道这种不知名的正版DVD有多少人会买。

我无意探讨电视剧行业的产业规律，只是想知道出演这些80%未播出剧集的演员、明星们的星途与前途将会如何。据我所知，虽然投资人有可能血本无归，但演员每集的身价是不变的，而且大多先收钱，后来剧组。通常的规律是，对越是不知名、没经验的制片方，要价越是狠，付款方式越是不可商量——因为这意味着这部戏将来播出与否的命运更为叵测，既然不确定能不能在将来叫好，不如先落袋为安吧。

只是如果在两三年内一直在出演这种直接做成 DVD 的剧集，“名气”不仅不会越来越大，反而会越来越小，直至最终没人再找你来拍戏。有人问过因《外来妹》一片蹿红的演员陈小艺：“为什么《外来妹》走红后，就没见你演戏了？”她说：“其实我一直在演，只是那些戏都没播出过。”有的时候，零片酬出演的一部文艺片带来的声誉，会让一个新人迅速升级为一线明星；但 20 万元一集的电视剧却很可能因为无法上映或者反响太差导致知名度严重缩水，沦落为过气明星。

不只是演艺圈，靠知名度吃饭的专业人士都面临着这种选择。有的项目有扬名立万的可能，却没什么收益，接项目图的是别人叫个“好”。有的项目，根本就是重复劳动，毫无挑战，接下它，图的是个实惠。我知道有位名律师走的就是这种以名养利的路。那是一件帮众多小股东与一家国有企业争权利的案子，因为对方是国企，官司比较难打，而一众小股东又出不起律师费。唯一的收益是，这件事是当时财经圈的新闻热点，引来众多记者的采访报道。终于，在舆论的关心与律师的努力下，小股东们赢了。这位律师也成了著名的维权律师，如今他的客户当然不仅仅是中小股东，而是有不少大公司了。

只是再牛的人也未必生着一双慧眼，能识辨出哪个项目里有名，哪个项目里有利。也有另外的可能就是，你一直在亏本出演以为会得奖的低成本作品，结果却无人待见；你以为接到的是纯粹为赚钱的项目，结果却成为一生的代表作。比如著名的美国影片电影《教父》。

对于这部马里奥·普佐撰写的黑手党史诗片,大导演科波拉是有点看不上眼的。这完全不是他想拍的“伟大电影”,他纯粹是为了钱,才接受了派拉蒙电影公司给他的这份工作,他回家对老婆说,“我接了个黑帮片”。正是这部“黑帮片”,成了他以及电影史上最重要的代表作之一,可谓名利双收。而他之后费尽心机拍的几部自己想拍的、以为是“伟大电影”的作品,却乏人问津。

或许正因为这种名利关系难以捉摸,才使得名利场更有趣。

很少有人能够一直处在名利场的巅峰。通常攀上巅峰的人,要么是身价太高,要么是变得过于挑剔,成为业界大拿。“拿”得太久了后,众多的追求者就肯定会知难而退。等到“大拿”发现门庭冷落想放低身价出来接活儿的时候,发现曾经被自己拒之门外的那些项目都已经实施了,并且捧红了不少新人,而新人们的性价比远在自己之上。本来只是想拿一拿架子,结果一拿就拿成过气明星了。

也有例外。比如说葛优,对这个电影圈的大腕来说,好像名利从来都跟他无关。他只是凭借自己日积月累的专业经验,挑选喜欢的剧本,挑选喜欢的导演,然后一门心思去演戏,不挂念成败,或者至少是装作不再挂念成败。以无招胜有招,或许这才是经营名利的最高境界。

名利场有捷径吗?

“炒作”,是典型的出名捷径,也是当下名利场里最让人反感的宣传推广手段。如今已经有一批“网络水军”,每人注册数千个网络账户专门替客户发帖、顶帖,制造一种备受瞩目的假象。只是这条捷径门槛很低,且涉及“商业诈骗”,早就没人信了,并且惹人讨厌,以至于在台湾,如果哪位明星走红地毯时不小心摔了个跟头,都会被怀疑是“炒作”,为了抢媒体版面。

这当然是低级的“捷径”,指望用这样的捷径被市场记住,也太低估消费者的智商了。但名利场的确是有捷径的,对于资质、努力程度相近的人来说,懂得走捷径的人就是比不懂的人容易获得机会。

捷径一:擅长处理人脉关系。曾经有人问我,如何才能成为一名专栏作家?一般的路径是,你得拼命写,并且写得好,日积月累,就会有人来邀请你当专栏作家了。但是如果你把以前写的作品寄给对开专栏有决定权的主编大人,并且获得了主编大人的垂青,尽管你可能还没被普遍认可,也许就直接获得了开专栏的机会。这就是人脉的力量。名利场中有这样一类人,人缘极好,大家也乐意与他们相处,有什么事都喜欢叫上他们。因为经常有机会出头露面,也为人熟悉,尽管你怎么想都想不起他们的代表作品,但并不妨碍他们的"知名度"。有的人"活儿好",有的人"人好",两种人都吃得开。但是,你靠着走人脉开了专栏后,因为写得不够好,没能大红大紫,甚至最终被撤了下来,那是另外一回事,毕竟你已经得到尝试的机会,这是最难得的。

捷径二:获得奖项。电影圈、艺术圈、设计圈,一些人专走这条路。这条路需要仔细研究国内外各种奖项的品位与风格,然后放弃短期的经济利益,一门心思做一些毫无市场价值可言的参赛作品。徐静蕾2004年自导自演的电影《一个陌生女人的来信》获西班牙第52届圣赛巴斯蒂安国际电影节最佳导演奖。这个奖项并没能带给她任何经济收益,却使她的"导演"身份获得认可,并在日后有机会指导票房大卖的《杜拉拉升职记》。范冰冰当年靠《苹果》一片,获得哈萨克斯坦欧亚电影节最佳女主角,尽管很多人是因为这条新闻才知道有这个奖项的,但这并不妨碍范冰冰的演技在一定程度上被大家认可。再不知名的奖也是奖,证明着你被认可。而"被认可",就是在名利圈行走的重要法宝。

捷径三:善于“利用”媒体。现在连一贯拒绝采访的葛优都开始为了宣传新电影接受媒体采访了,而且态度谦卑,言谈风趣,深受媒体喜爱,值得一贯对媒体黑脸的陈道明效仿。如今新媒体兴起,微信、微博、网络视频、网络社区、手机电视、户外等各种媒体与传统的广播电视、报纸杂志交织在一起,织成一张多维的媒体网。它们互相引用,互为补充,淋漓尽致地占据着受众的注意力。而是否被受众“注意”并“认可”,又是能否获得机会的重要因素。尤其是现在受众的注意力愈发短暂,长期不在媒体发声,便容易被受众淡忘。这就是为何有些名人虽然没有新作品出来,也要找点机会出席公共场合露露脸,提醒受众记得自己。

获得与维持知名度,是一门技术活儿。有的人天生就擅长这门技术,比如徐静蕾的博客与姚晨的微博,是天生的灵气造就的,不可模仿;但更多的人是通过后天的努力学会的,比如更多的明星博客与微博,虽然读起来没内容,但他们有更多的明星照片与亲民的家常小隐私来维持与粉丝的关系,也十分有利于知名度的巩固。总而言之,经营名利,就像经营婚姻一样,以为得到了就永远得到了,是幼稚并且目光短浅的。婚结了可能会离,名出了也可能会被遗忘。要知道,名利场有捷径,也有远路,却没有坐着就可以飞上天并永远掉不下来的直升机。

大牌工程很重要

“明星”这个行业是最懂得包装的。刚出道的小明星，虽然挣的钱还没有朝九晚五的小白领多，经纪公司就会让他们出来进去乘着保姆车，前呼后拥地围着助理和经纪人，当然最好有夹道欢迎的“粉丝”做陪衬。为了迎合明星摆排场的需求，市场上甚至还出现了“职业粉丝”，专门为那些本身没那么多粉丝的明星服务，按粉丝数和时间计费，提供举明星牌、大叫“某某某，我爱你”等群众演员式的现场演出。至于穿着，就更不用说了，不仅要华美，最好还来点怪异。极端者如 Lady Gaga，衣不惊人死不休，从而创造了世界级的回头率，赚得大把大把的银子。

塑造这样的明星形象，就像名企业到处花钱做形象广告一样，为的是打动消费者。对于企业，打动了消费者，产品才卖得出去，公司才能赚钱;对于明星,打动了观众,明星才会红,经纪公司才能赚钱。而作为包装明星的形象工程,对于明星的身价则起着事半功倍的作用。据说台湾 F4 成名却没挣到钱时,还习惯于骑摩托车代步,后来被公司喝止。试问:若是一不小心被狗仔拍到明星骑着摩托车在车流中穿梭的照片,再被恶意配上"某明星拮据买不起车"之类的语句,还会有名车的广告商找上门来邀请代言吗?谁想请落魄穷鬼代言?想都别想。

事实上,有些职业人也很善于包装自己。我听到的最有趣的例子是"口袋巾"的故事。话说两位职业经理人去一家意大利奢侈品公司面试。两人资历相当,工作经验也相当,但意大利总部的高管毫不犹豫地选了其中一个,原因仅仅是:"他的口袋巾配得很有品位。"而一般的中国职业经理人很少配口袋巾,除非是出席重大的晚宴场合。输在一条口袋巾上,大概会让商界精英们大跌眼镜。但在短短一个小时的面试时间里,除了那张简历,别人还能凭什么来判断你呢?只好把自己变成"外貌协会"会员了。

气场也是可以营造的。一位把头发染得像五颜六色的鸡毛掸子的女摄影师对我说:这个圈子,女人特别少,所以架势很重要。她给自己的形象定位是"略带中性的酷",除了穿得像摩托车手之外,还雇了一位一米八五的帅哥帮她扛灯、扛器材。此外,在表情和身材语言上,她的经营方向是:不苟言笑,话少。如果客户一不小心多问了两句:这个光能不能再白一点?她会不耐烦地反问:什么?然后是一阵沉默,把人家吓回去。即使是这样,她的生意也不差,因为许多客户认为她“压得住场”,用现在的流行语就是:什么场合,她都 hold 得住。我遇到的最有想象力的“形象工程”来自于两位设计界新人。他们都大概入行有三五年,处于有点资历但还没有形成个人品牌的阶段。他们约定互为对方的助理,然后由“助理”出面谈价格,自己躲在幕后装大牌哄抬物价。这一手法与经纪公司把小明星包装成“大牌”如出一辙。

此类种种经营手法无非是利用了人性中虚伪势利的那一面。在短时间里,这的确是有效的。曾经有英国的媒体列出“免费升舱 N 招”,其中有一招就是教你穿得像明星一样,最好再用名牌狗绳牵一条名牌狗,当然,不能少了墨镜。据说这样的装束可以在很大程度上俘获航空公司办票人员的势利心,把你当成名人升了舱。

当然,光靠“形象工程”去忽悠别人只能达到短期效应,是招不来回头客的。但“形象工程”的确可以成为敲门砖,在最初的阶段为你赢得更多的机会。你信也罢,不信也罢,但在一些看上去光鲜亮丽的行业,口袋里塞一块丝质口袋巾就是会有不一样的效果,这是那些不屑于在“形象工程”上耍花样的人阻止不了的。

名利场的小圈子

中国台湾电视艺人马国贤在综艺节目《康熙来了》的一档名为“谁是转台王”的栏目中,不幸夺得“转台王”冠军,意思是观众一看到电视上有他出现,就想转台。这位当年“红孩儿”乐团的成员、如今的资深电视综艺艺人,尽管入娱乐圈已20余年,也无法抑制地泪洒现场,面色如死灰。

但是不怕,他有“小圈子”的庇护。

之后不久,另一档当红电视节目《国光帮帮忙》就经常约他上节目,借“转台王”名义调侃他,竟然令他又一次风生水起,让这位眼看就要被娱乐圈摈弃的艺人以“不好笑”和“转台王”两大特质焕发生机,用台湾娱乐圈同仁的话说就是“不好笑到红”。这一切都因为,他是艺人小圈子“浪人帮”的成员。而“浪人帮”的大哥就是《国光帮帮忙》的名主持庹宗康。虽然庹宗康在节目中总是用打他、骂他、嘲讽他等各种方式让他出洋相，但对于综艺圈来说，电视节目是最稀缺的资源，只要有节目可上，就有钱挣，在圈子里就有立足之地。他很清楚，"康哥"其实在大力提携他。

这就是"小圈子"的力量。

加入"小圈子"，意味着人脉的几何级提升。1967 年，哈佛大学一位社会学教授提出了六度分隔理论，意思是，世界上的任何 2 个人，都能通过不超过 6 个人的关系联系起来。推演过程如下：如果你认识 100 人，而这 100 人又分别各认识 100 人，而 100 的 5 次方等于 100 亿，远大于全球人口 60 亿。

当然理论归理论，这绝不是说，只要你的小圈子里有 6 个死党，你就能认识这世界上的任何人了，但是小圈子能为你带来多得多的人际关系和工作际遇却是不争的事实。定期的小圈子聚会，不仅是生活的愉快消遣，还能及时更新行业发展动态与业内要人八卦。我有位媒体界刚离职不久的朋友，就是在一次同行小圈子聚会中获悉了一家新媒体即将创办的消息，及时履新的。有的时候，你认识的猎头公司都未必比这种小圈子聚会有用。

但加入小圈子也是有条件的。首先，不是所有的人都适合加入小圈子。太以自我为中心、太爱显摆、嘴太大的人都不适合加入小圈子。即使最初这些人被"小圈子"接纳，最终也会被清理出局。既然是个“圈”，就成了小“集体”。众所周知，任何“集体生活”，都有自己的几大纪律、几大注意。比如：不暴露成员的隐私；成员有难，要站在成员这边等。这其实意味着你要放弃部分独立思想。比如：“黄奕、霍思燕的微博骂战”事件中，以霍思燕为首的“泰迪姐妹团”就一边倒地支持她。团友、电视明星李小璐就在回应霍思燕的微博中称：“阳光总会照耀在美丽心灵的人身上，相信人心并非真正丑恶，只是被迷惑了双眼，用心去感化这些伤害自己的人，就算 Ta 们不懂，只要心中一片坦荡一片阳光依然是幸福的。”

小圈子通常都是由几名核心成员外加一批核心成员的亲密朋友们组成。如果你拒绝违心支持小圈子成员的话，也可以选择与小圈子保持一种有距离的“亲密朋友”关系。但这也意味着你在有困难的时候，也只能得到小圈子“有距离的”帮助。小圈子就是个微型社会，有等级，有亲疏，有强弱，也有尊卑。通常小圈子的“圈主”，都人脉较广、地位也不低。而作为成员，即便你在专业成就上高过“圈主”，也必须时刻保持着对“圈主”的尊敬，否则在圈子里肯定待不久。

此外，小圈子也不是完全封闭的。这里也有人员流动。随着成员的婚娶生育以及工作变更，核心成员有可能退居二线，甚至“圈主”也可能会换人。至于小圈子的“亲密朋友”们，没准儿在某个关键利益时刻，又转而成了另一个对立的小圈子的“亲密朋友”。正如没有永恒的朋友，只有永恒的利益，你也可以说，只有永恒的利益，没有永恒的小圈子。

名人也是人

在普通人心目中，名人与其说是人，倒不如说是自己的电脑桌面背景或者印在新买的洗发水瓶身上的图片。他们的形象早被大银幕和小屏幕或者报纸、杂志上的形象取代——拥有奢华的物质生活，超人的工作能力，永不变老的容颜和从容优雅的气度。这是人吗？分明是旧年画上的活神仙或者新时代电脑游戏中的奇侠倩女。

名人之所以有号召力，要归功于某些媒体的放大镜功能。比如电视可以把一位只会烧番茄蛋汤的主持人塑造成顶级主厨，而且言辞幽默——现实中很多普通人会做好吃的菜，只是不那么会说话而已，而生活中的名人是不做菜的，因为没时间，至于他们到底会不会做菜，就没人搞得清楚了；报纸上会把名人写成工作狂，可以三天三夜不睡觉——其实上班族中也不乏这样的工作狂，只是没有名气而已；杂志上的名人则永葆青春，皮肤毛孔都已经被美编用电脑修补到完美状态——婚纱照为什么漂亮，道理是一样的。

把名人塑造成近乎神的完美状态，是名人自己的虚荣心、名人所在的经纪公司、名人代言的产品以及名人的粉丝们的共同需要。广大受众需要完美的偶像来仰慕与效仿，为自己的行为设置一个榜样；商家则需要名人完美的形象来传递产品的概念与特质。

在一定程度上，名人的这种“完美”，成了受众的梦想和寄托。这应该是他们的“名气”所负载的最大价值。盈利模式也显而易见。想和李嘉欣同样漂亮吗？你可以使用某某化妆品。而出现在受众面前的“李嘉欣”，其实是经过化妆与电脑修图的李嘉欣，与生活中的真人李嘉欣是有着不少差距的。

因为名人的形象承载了这么多的期望与利益，名人的真实一面可发挥的空间极小，或者说，出于各方利益的需要，真实的一面最好不要浮出海面。他们只能在至亲的亲人、少数几个工作同事、少数几个铁杆朋友那里才能够放下面具生活，其他任何时候，他们都没有作为真实的人出现在你面前，而是在扮演“名人”的角色，即处于工作状态——不管是在电视上接受主持人访问，还是在新闻发布会上签售唱片，抑或是去慈善机构献爱心。对名人来说，扮演自己的“名人”形象成了一种职业。他们用这份职业赚来的钱来支撑真实的自己过衣食无忧的生活。客观来说，“名人”这份职业换来的不只是钱，更重要的收获是个人价值的实现。对许多已经衣食无忧的名人来说,通过"名人"形象得来的收入已经不重要了,从中得来的欢呼与簇拥才是最重要的。

因为"名人形象"这份工作已经无所不包,真正留给真实的那个自己的时空已经小得不能再小了。用台湾著名综艺电视制作人王伟忠的话来说,艺人的生活其实就是家和演出场所两点一线。稍微想做一回普通人,和爱人牵个手上个街,就要被狗仔偷拍。连休息的状态,都成了娱乐产业链的信息产品。据说欧美已经可以批量生产无人机,只要几百美元就可以买到,这种飞机如今主要被用于明星八卦行业,通常这些无人机浑身载满针孔摄像头,专门在名人住宅周围盘旋,侦探他们的"真人秀"生活。因为在这样的"真人秀"中,名人和你我没什么不同,早上刚起床时也会有眼屎,啃西瓜时的吃相同样很难看……

这时候,有些名人就跳起来了,控告狗仔侵犯隐私。其实有关名人的隐私权在各国都没有定论。作为大众名人,你曾经利用自己的私生活去赚钱,比如对着镜头说自己用什么洗发水、沐浴露、避孕药之类的代言,为什么等到别人拿你的隐私出去卖钱的时候,比如狗仔队翻名人垃圾桶时,就开始投拆自己的隐私被侵犯了呢?难道仅仅因为钱被别人赚走了吗?

所以聪明的名人不会乱起诉——这样只会暴露更多"真实的人"

的那一面，他们会更好地掩护自己真实的面目，小心翼翼不被拍到。当你坐在一位名人旁边，跟他谈论他的作品、代言以及他的爱好等，那个时候的他其实并不是活生生的人，只是在扮演“名人形象”而已；如果他跟你谈论的是昨晚在麻将桌上输了多少钱，那么你面对的才不是名人，而是“名人”面具下的那个活生生的人。

风险值多少钱?

2000 年我从事业单位跳槽到外资网络公司,薪水涨了 4 倍。但跳槽的两周后,我就品尝到了“体制外风险”的滋味:招我进来的老板把我叫进办公室,说公司亟须业务转型,让我从制作人改任项目经理,也就是从花钱制作内容的人转型为寻找客户,说服客户出钱,然后我们帮他们建网站的角色。我的选择有两个:一,接受;二,走人。那个晚上,一向睡眠很好的我在夜里突然惊醒,吓出一身冷汗。4 倍的薪水,成了我必须接受这种不稳定的风险的代价。

还好那时我年轻,本来薪水就低,再加上对体制外世界的好奇与不算高的薪金期望值,这笔买卖也就成交了。许多比我资深的前辈们开出的价码一个比一个高。他们大多希望体制外的企业能够一次性提供一笔类似“转会费”的资金,随着工作单位福利待遇和自身职位的不同，这个数字在他们心目中在20万～100万元。现在看来，这是一笔相当可观的财富。那个时候，上海静安区嘉园的房子，也不过才卖5800元/平方米，现在已涨到七八万/平方米。大概也正是因为价码开得太高，据我所知，凡提出转会费的，大多未能成交。也就是说，体制内员工心目中"稳定"的价值，远高于市场对它的评估，有价无市。既然认为稳定有这么高的价值，那么，请继续稳定下去。

想发展，想赚钱，就要承担风险。如果你认为风险的代价太大，那就按兵不动，因为这个收益是可预期的，没什么风险。对不想担风险的人来说，这是最佳选择。很多人在来信中都在问我，要不要转行，要不要离开死气沉沉的国企？有猎头来挖，要不要离开现有的效益还不错的事业单位？这些问题根本没法回答。因为同样的风险在不同人的心目中，代价是不一样的，而且每个人的承受能力也不同。就像我第一次跳槽时遇到的那个小挫折，对我来说是午夜惊醒外加一身冷汗，对另一个人也许是什么事都没有，而对有些人就可能是从此落下失眠的毛病。

相比起风险的成本，收益其实更不可预期。你很可能颗粒无收，不仅失去了原来的好工作和可能的机会，搞不好十年后在外面溜达一圈回来后，还是坐在原来那个位置上，而比你年轻好多的人都爬到你头上去了。当然，你也有可能成为大老板，回来把原来的单位收购了，让当年你老板的老板为你打工。这种可能性很小，毕竟，成功的人是金字塔尖的极少部分。

有人说20世纪80年代最初跳出体制发家致富的那些人，其实靠的就是勇气。这句话说得简单，容易让人低估“勇气”的价值。对当时绝大多数有单位的人来说，也许给他1万元“下海费”，他也未必肯下海，尽管当时的万元户比现在的千万富翁还少。因此，这种不畏惧风险的“勇气”，其实价值很高，比80年代的1万元还要高。

有老板范儿的老板

朋友家里正在上一年级的男孩拿出一百元零用钱买了零食，分发给同学，图的就是被同学们尾随的那种虚荣。他最终为这份虚荣付出了代价：挨了家人一顿训斥，并夹带了些不友好的肢体接触。

但将这种虚荣平移到职场，就幻化成一种“范儿”，不仅不会被训斥，甚至还会被有些人美其名曰为：很有气场。

比如开会、办事或赴饭局时喜欢带很多随从的老板。就算请柬上标明“仅限持柬人本人使用”，他也有本事带三四个人进去。有趣的是，这种黑社会老大一般的架势常常会吓晕验收请柬的人，生怕得罪了这位搞不清楚是什么来头的大人物，只能点头哈腰地放行。在中国，正是因为“一人一柬”之类的规则常常被人的势利之心践踏，就有人尽可能地扯虎皮拉大旗，把“范儿”做足，以收获更多的利益。经典代表当属娱乐圈。有次在一个活动现场，突然有人来清场，在人群中清出一条道路来，接着十来个人的小分队走到中间来，要离场。中间是一个画着浓妆的艺人，旁边有人搀扶，有人清路，像极了正被媒体热炒离婚时的谢霆锋摆脱狗仔娱记的模样。后来才知道，这位“大牌范儿”十足的人是《快乐男声》选秀比赛中的一名歌手，而且现场几乎没人能记起他的名字。但对艺人来说，摆出这种“范儿”，也许能谈出个更高的价钱。

如果说艺人的范儿能收获额外的利益，老板范儿就能收获额外的尊敬。我知道有家公司的中国区总经理特别害怕顶头上司——亚太区 CEO。这位 CEO 的“老板范儿”表现在规矩严苛上：不苟言笑，爱控制细节，不允许别人在他讲话时插话，更不允许别人当着他的面接听电话。每次这位 CEO 来视察时，总经理都会至少提前两天安排工作，生怕因为少带了一份文件，少看了一个数据而被训斥，当然他从来不会忘记将手机关机。不久后，亚太区 CEO 被调任总部，新上任的 CEO 态度和蔼，是那种你最好不要来烦我的放手管理型领导。有趣的事出现了，新 CEO 开会时，总经理不仅会屡屡接电话，还常常打断 CEO 的话，发表长篇大论。

有的老板并不在乎这种浮夸的“范儿”，但在员工中依然表现得“老板范儿”十足，一个很大的原因是，他们不仅业务能力强大，而且从骨子里认为员工天生就该为老板服务。他们永远在考虑自己的想法和时间安排，从来不考虑员工的。黑石集团的创始合伙人彼得·彼得森就是这样的老板。他不愿意和中级和初级员工接触。就连高级员工的面试，也可能被他安排在载他去参加演讲的豪华座驾上。面试的人在述说，而他在涂写演讲稿。但他的魅力在于，他可以一边构思演讲稿，一边记住你说的每一句话。在这样的老板手下干活，幸运的是可以让自己的综合能力迅速提高；不幸的是可能会过劳死。最悲惨的则是，很可能即使快过劳死了，也永远学不来他的“老板范儿”。

成功的人不幸福?

我有幸和我的竞争对手陆琪对话了一次,他也是位职场作家。但把他说成我的竞争对手对出版社来说是过分抬举了我,因为他的书比我的畅销太多。在对话中,陆琪的一段话让我印象深刻:“我很成功,但我一点儿也不幸福,真的一点儿也不幸福。成功的人一定不会幸福。”说这话时,他脸上带着优越的微笑,好像那些幸福而不成功的人都是不值一提的。那么成功是什么呢?陆琪的解释是,成功就是目标得到了满足。那么如果我的目标就是安于现状呢?他说,那就说明你没有目标,这不叫成功。

陆琪的言论在一定程度上代表了中国相当一部分人的价值观:生命诚可贵,爱情价更高,若为成功故,两者皆可抛。这里的“成功”,指的是当下主流价值认同的成功:地位高,薪水高。

对地位与薪水有所追求，我完全赞同。这不仅仅是因为钱少在当前的中国不仅意味着面临食品安全的威胁或者舍不得买大蒜，同时因为追求地位与薪水的过程本身，也是实现个人价值与智慧的重要途径。但至少在陆琪的言论中，逻辑顺序颠倒了。人应该是为了幸福才去追求金钱与地位的，而不是首先“自宫”掉自己的幸福，再去图谋金钱与地位。但那句著名的“我宁可在宝马里哭”，已经生动地诠释了陆琪的成功论有多大的市场。

我想起原来在做时装杂志时的一幕。当时一位艺术总监在演示一组“怎么穿更好看”的图片，一位编辑提议：我们可不可以做一个“如何让又丑又胖的女孩变漂亮”的稿子？艺术总监从鼻子里哼了一声说：又丑又胖的女孩，who cares？

如果说时装产业一切都在围绕着又美又瘦的女人的话，那么我们所处的这个社会的一切都在服务又富又贵的人。如果你又穷又贱，或者哪怕只是平庸一点，who cares？大概是这种不甘心被社会鄙视的迫切需要，让所有的人被迫加入谋求成功的主流队伍。因为其中一部分人天性喜欢过平淡安稳的日子，从而格外痛苦。

抵抗主流价值观，需要很大的勇气和定力，甚至意味着牺牲掉一些个人幸福，比如失去心爱的漂亮姑娘。但换个角度想，如果漂亮姑娘是因为你的钱而主动蹭上来，即使富贵了，也未必就能拥有个人幸福。

毕竟,世俗意义上的成功,是给外人看的。每天活得开不开心,才是自己的真切感受。在我看来,努力了,也妥协了,但依然坚守着一些最根本的原则,然后取得一些预期中的成绩,就是成功。对当下的中国,这当然是小众的解释,甚至显得苍白无力。但用这种价值来衡量,每个人都可以活得成功,而且是幸福的。

04 中国，离奢侈有多远

花十万元买蛋糕的人

我的前同事 Lea 和一位纽约米其林二星甜点师芮薇合伙成立了“芮薇精品烘焙”工作室，专门提供精品婚礼蛋糕。她们最贵的作品高达十万元人民币，客户是位亚洲富豪，但签了保密协议。

什么样的蛋糕能值十万元呢？在了解制作过程后，我才释然。这蛋糕与其说是蛋糕，不如说是一件翻糖雕塑作品。蛋糕师先要了解客户的婚礼风格和规模，结合客户的个人喜好，然后设计出造型和配料，搭建模型，最后完成雕刻。说起来和高级定制时装的道理是一样的，设计师的创意起了决定因素，剩下的则是耗时间的精细做工。两个因素加起来，价格自然就上去了。

而为何需要这样的蛋糕出现在婚礼上，则是考虑到婚礼的整体规模与排场：漫长的仪式和过程，欧式古典宫廷式的宴会厅，只有翻糖精雕蛋糕才能压得住场面并且挺得过炫目的灯光照耀而不至于瘫软。

更重要的是,这蛋糕站在那里,要显得不多不少,不夺目也不寒酸,最好像空气一样,有了它,大家也不会注意到;没有它,又会觉得少了什么。正如这蛋糕在整场婚礼中的预算份额一样,多了它不嫌多,少了它亦不嫌少。

这正是理想中的奢侈品消费理念。在积极的意义上,奢侈品代表了人类物质文明的最高水准,把艺术、想象、设计、科技等一切手段集中在产品中,最大限度地满足甚至帮助开拓人的感官享受。

但现实中的奢侈品消费则变了味。有英国记者是这样讽刺某些奢侈消费的:看不出物质消费带来的愉悦,却能看出挣钱过程中的粗鄙。

就连奢侈品的词义解释都带着主观感情色彩。中文里,侈靡放纵谓之奢,多费谓之侈。还是英文客观一点,在解释"luxury"时,至少提到了"精美、舒适"等表达赞美的形容词,尽管也提到了"放纵、不是必需品"的一面。

对奢侈品的评价总带着这一抹难堪的灰色,大概和奢侈品消费的一个重要目的——"炫耀"相关。奢侈品除了提供极致享受外,另一个重要功能就是充当壁垒:曾经是贵族的特权象征——只有我能享用,你不能。后来演化成财富等级的护卫——只有我买得起,你不行。

这种炫耀的感觉在中国尤其强烈，可能跟奢侈品与中国普通产品的价格差异特别悬殊有关。拿皮鞋来举例，在欧洲，奢侈品牌牛皮鞋的价格是普通品牌牛皮鞋的三四倍；但在中国，一双法国、西班牙产的名牌牛皮鞋很可能是中国本土普通品牌牛皮鞋的 15～20 倍。在如此悬殊的价格面前，奢侈品消费的心理承受能力若不是格外强大，是很难不流露出“炫耀”情绪的。

有朋友想买 5 万元左右的江诗丹顿，问我买哪一款最能升值。我很怕打击他的自尊，跟他说，喜欢哪款就买哪款吧。真实的情况是，5 万元的名表，怎么可能升值？ 50 万元的能不能升值都不一定。这毕竟是消费品，就算是限量的，也是每年都量产的，每年都有新款，你怎么能指望你买的这只就会成为 50 年后拍卖会上的宠儿呢？

我突然想起爱马仕从法国请来的皮匠，和卡地亚时间艺术展上从法国请来的钟表匠，他们在众多中国媒体面前，安静而投入地做着手中已经做了几十年的手艺活儿。从他们恬静的面容上，你很容易推测出在度假季，他们很可能会休上三个星期的假，开着辆敞篷跑车去海边度假。当然，在欧洲有辆敞篷跑车并不是什么大不了的事，也就是跟中国人买辆普通 SUV 的消费水平差不多，而去海边度假更是国外每个中产家庭都消费得起的享受。

但当一个中国消费者购买欧美品牌奢侈品的时候，就意味着你需要用人民币支付这些欧美产业工人以欧元、美元计算的中产生活,更何况还要支付天价的品牌推广成本和CBD高昂的店租呢!

经过这番思量再定睛选购奢侈品,若仍旧矢志不渝,那么至少这美轮美奂的物质带来的更可能是享受,而不是别人眼中的难受了。

爱马仕投资的中国手工艺

无论是杰尼亚、爱马仕还是卡地亚，都很喜欢把自己的工匠从欧洲空运到中国来，向中国媒体展示“纯手工制作”的过程。

每当看着这些金发碧眼的工匠安安静静地摆弄着手里的皮鞋模具、制表器件或是羊毛织物的时候，我总在想，其实中国的手工艺早就炉火纯青，只是没有被现代品牌概念包装罢了。而正因为没有被好好地进行商业开发，导致手工艺行业后继乏力，除了已经功成名就的名师活得还算滋润外，工匠迫于生活压力，很多都转行了。

而现在，中国一些濒危的手工艺行当迎来了一位投资商，只不过这资金来自法国奢侈品集团爱马仕。

当爱马仕在 2007 年决定与上海设计师蒋琼耳合作“上下”品牌时，即使是时尚圈内的人也搞不清楚这个全新的品牌到底会涵盖怎样的产品线、目标受众是谁。

如今,“上下”分别有了上海、北京、巴黎三间零售店,巴黎的那间很小,只有40平方米,目前主要市场还是中国。2014年10月,“上下”又在上海淮海路的一栋三层百年洋房内开设了第一家概念店“上下之家”。产品包括:竹丝扣瓷茶杯(5500元),“雕塑”系列羊绒毡大衣(43000元),“大天地”系列紫檀木书桌(880000元),“龙韵”系列单色釉香炉(8000元),以及紫檀木的“君子”系列麻将(68000元)等家居生活、衣饰用品。

手工艺,是这些产品共同的特点。比如竹丝扣瓷茶杯,茶杯选用景德镇高温细白瓷,由四川编织工匠用细竹丝在杯子外层箍上一层薄薄的竹编,这种工艺可以使得编织永不脱落,并且竹丝会随着时间的流逝越来越亮。而羊绒毡大衣的面料,则完全由手工将羊绒原料揉制而成,工艺令人叹为观止。

“上下”由爱马仕投资,蒋琼耳拥有10%的股份,现任掌门人帕特里克·托马斯(Patrick Thomas)曾为爱马仕集团CEO,如今虽然已退休,还在看管着“上下”这个他在任时创立的品牌。他说:“前7年,我们只埋头做精湛的产品,不考虑收入问题。现在,是时候谈何时能持平了。”根据现有的销售业绩和增长速度,他估计到2016—2017年,“上下”这个品牌能收支持平。用7年时间,把一个品牌孵化成一个刚刚能财务持平的项目,然后再用10年时间,看着它成长并壮大,这在中国是难以想象的。17 年,阿里巴巴已经从初创企业摇身变成在美国上市的公司,市值 2000 亿美元,这样的项目才是中国人心目中的楷模。

与热衷于收购品牌的 LVMH 集团相比,爱马仕集团更喜欢养自己的孩子。如今爱马仕集团旗下只有鞋履品牌 John Lobb、水晶品牌 Saint Louis 等寥寥几个品牌,而且集团收入的 99%来自于爱马仕。这也使得“上下”品牌格外令人瞩目。

尽管“上下”在商业上能否大获成功还有待时间来认证,但爱马仕集团对品牌的创立和扶植的方法可从“上下”窥得一斑。

首次提出“品牌资产”概念的营销学家戴维 · 阿克(David A. Aaker)在提到品牌管理时说:“品牌除了保证卓越的品质外,需要有一个更高的理想和追求。”他举例说,比如 UGG 代表着人类对户外生活的推崇、对大自然的向往;联合利华多年来致力于环保行为,旗下产品采用环保包装,原料奉行环保标准等,并获得联合国环境规划署的肯定。而爱马仕集团对于手工艺的痴迷与执着,应该也是一种难能可贵的精神追求吧。事实上,正是这种对品质、工艺经年累月的执着追求,才最终形成了消费者对品牌的信任,并最终体现在昂贵的价格上。

“上下”品牌产生于蒋琼耳与爱马仕合作设计店面橱窗的过程中。蒋琼耳出生于艺术世家。外祖父蒋玄佁是最早留学海外的中国艺术家之一,也是最早把西方油画艺术引入中国的艺术家之一;父亲邢同和参与建造了上海博物馆。蒋琼耳曾留学法国,热爱收藏中国手工艺品。她的兴趣与爱马仕集团一拍即合,最终促成了“上下”的诞生。

采访中,帕特里克·托马斯不止一次地提到“‘上下’是蒋琼耳的”。我好奇地问他:“把集团的一个品牌与一个名字绑在一起,会不会太冒险?”他说:“‘上下’还是个婴孩,离开母亲根本活不了。但等他长大了,对母亲的依赖就会减少。琼耳是个大度智慧的人,她懂的。”

出品法国美食美酒的中国人

十年前,中国人还习惯性地把外国美食统称为西餐,把葡萄酒类统称为红酒,把起泡葡萄酒类统称为香槟。而现在,中国已经出现了由中国人开的并亲任主厨的法国餐厅,以及中国人经营的法国品牌酒庄。

刘高辰,30 岁出头,出生于中国西北,父母于 1985 年在当地开设了第一家酒楼。他在法国博古斯酒店与厨艺学院学习了厨艺与餐饮管理,2013 年在上海新贵地段——临近北京路外滩的“高冷”的圆明园路开出了“Paris Rouge”餐厅,并亲任主厨。

沈旸,重庆人,现任酩悦轩尼诗夏桐(宁夏)酒庄总经理。夏桐是酩悦轩尼诗集团旗下的起泡葡萄酒品牌,分别在阿根廷门多萨、美国加利福尼亚、巴西、印度、澳大利亚等地设有酒庄,用不同的葡萄品种生产统一的“夏桐”品牌的酒。宁夏夏桐是夏桐家族的第六个酒庄。这种跨国界、跨大洲经营统一品牌酒的方式，在葡萄酒业界并不多见。沈旸在法国从农业技校学起，从修拖拉机一直研修到酿酒、葡萄酒管理的硕士课程。2011 年加入夏桐(宁夏)，如今，夏桐(宁夏)出品的第一批起泡葡萄酒已经上市。

转行，是这两位法国美食美酒出品人共同的经历。众所周知，主厨在中国的社会地位并不高，是被主流社会认定为成绩平平的学生的出路之一。而葡萄酒专业则根本是空白。刘高辰赴法留学本来读的是材料化学专业，读了一年后，做出平生第一次让自己失眠、让父母焦虑的决定：转行学厨艺。他说，在法国，他看到了厨师形象的“另外一个画面”，显然这个画面中厨师的地位和形象，与他父亲开的酒楼中的厨师有天壤之别。沈旸的经历则更为坎坷。他在中国本科学的是金融，因热爱葡萄酒，到法国后想考葡萄酒学院，却被告知需补习化学等理科专业，结果不得不从农业大专开始学起。

如今，在法国的专业教育和从业经验已成为他们在中国专业领域驰骋的制胜法宝。沈旸在法国求学的六七年间，在勃艮第、波尔多等产区的多个酒庄实习过，在酒庄里从农活做起，包括洗罐子、装瓶、垒瓶子等等。他说，在宁夏，看到同事“活儿”做得不够漂亮时，就“自己上了”。刘高辰则在巨星级米其林主厨阿兰·杜卡斯巴黎餐厅

(Restaurant Alain Ducasse at Paris)当过厨师。工作过程中,厨师对于摆盘的精致与准确让他极为震撼。有道菜需要在一块小长方形的薄乳酪上再添加细丁食物,他负责用一张专用纸切割这块薄乳酪,需要切得不薄不厚,边缘光滑,呈90度直角,如同机器操作一样精准。如今他把工作经验和出品标准运用到自己的餐厅中来。

值得注意的是,他们都很会适应本地市场。

刘高辰会出品一些有中国特色的菜品,比如他为太太创作了“法式杨枝甘露”,这道甜品也颇受上海食客欢迎。他说:“亚洲口味的甜点,层次感不突出,而法式甜点更注重冷热、软硬等质感的搭配。我把杨枝甘露的元素各个分离,重新摆盘,食客可以选择分开吃,也可以合起来吃。”

而熟知法国种种苛刻酿酒规则的沈旸则干脆说:“法国对葡萄酒生产的种种规则和对法国葡萄酒产业的保护和制约一样多。”他的做法是“选择其中好的来执行。”他举例说:“法国对去叶有严格的规定。但宁夏日照强的时候,会把葡萄灼伤。所以我们只去除里面的叶子,最外面的大叶子不去除。”夏桐(宁夏)的员工绝大多数来自本地。为了让他们对喝起泡酒的文化有感官体验,沈旸在酒庄设立“家庭日”,带他们去名品折扣店消费,和他们一起做公益,希望这些“法式”生活经验熏陶能最终体现在产品品质上。

再者,他们出现的时机都相当完美。

中国的奢侈品消费正处于由品牌、产品消费向体验式消费转折的过程中。用刘高辰的话说就是“现在大家开始在意餐厅里的灯光和音乐，享受和朋友们在餐桌旁聊天了”。如果说这两位餐饮界的出品人算是中国餐饮业走向国际化的先驱者的话，那么可以预见的是，未来的三五年中，会有越来越多的专业人士加入他们的行列中来。

老钱说了算

在加拿大蒙特利尔的一个类似北京新光天地、上海恒隆广场的商场里，商场经理在介绍自己的客户群时说，他们大多花的都是“Old Money”(老钱)。那是 2000 年左右，我第一次听到“Old Money”这个词。

“Old Money”指的是继承的钱。英国年代剧《唐顿庄园》里，当男主角问伯爵继承人、唐家大小姐“你们怎么赚钱”时，唐家大小姐回答他：“我们不赚钱，我们继承钱。”之所以这么强调“钱”字，是因为对“老钱”群体来说，谈钱，是件庸俗而不体面的事。同样是坐在一张古董桌子上用象牙柄的勺子喝着猫屎咖啡，“老钱”们也许会漫不经心地嘲笑一下象牙的粗鄙和猫屎的可笑，新富们则可能会在心里盘算这顿咖啡餐具和这张桌子的市场价大概是多少。

赚钱，对“老钱”群体当然也非常重要，而且他们中很多人也精于此道。比如中国人熟知的罗斯柴尔德家族，以金融发家，不经意间又在中国掀起拉菲热。但你上来就跟“老钱”们提“拉菲”之类的项目或盈利模式，可能只会被鄙视。人家有比赚钱更重要的事情要谈论和忙碌：家族的荣誉，人类的未来，美德的传承，国家的责任，品位的高尚，灵魂的自由，等等。

有位荷兰酒商有一次跟我提到，一位法国“老钱”阶层的酒庄主跟他说，绝对不会把自己的酒卖到中国来，因为中国人会糟蹋了他的酒。多疑的荷兰商人问我：你觉得他真的绝对不会卖吗？作为“老钱”阶层的圈外人，我们俩最后以小人之心推测：他只是装腔作势罢了，若中国新富出了高价，他会不卖？看他能装到何时！

当然，有不少“老钱”阶层还在小心翼翼地维护着自己阶层的执念。当某种坚持与金钱冲突时，他们有自己独特的妥协方式与尺度。

比如，爱尔兰有不少城堡继承人，因为负担不起巨额遗产税，不得不开放部分城堡供游客有偿参观，从而获取收益维持日常开销。更多的继承人则因为付不起遗产税，不得不把城堡转让给了政府。

我在爱尔兰见过一位伯爵先生，一家仍住在巨大的城堡里，前面有足球场大的草坪，很像世外桃源。他的爵位继承人儿子在中国从事房地产生意。家族生意看起来似乎也并不是那么欣欣向荣。那城堡与其说是家族荣耀，不如说是家族负累。

“老钱”阶层未必个个会做生意。比如主办了三届上海国际艺术精品展览会的“古董商”后代比利时人马西明,花了大价钱向中国人介绍西方精品古董。在“奢侈品”展此起彼伏的上海,中国新富对纯正的高端欧洲古董并无太深的概念,因此几届展览办下来,亏损巨大。

但就算马西明不是个成功的生意人,他的家族背景也会让所有跟这一行有关联的人肃然起敬。就像《红楼梦》里的四大家族间有千丝万缕的联系一样,“老钱”家族之间的姻亲、生意往来等各种联系脉络不绝,而通过投资理财等手段,又往往覆盖众多产业。有位定居在瑞士的艺术策展人说,当听到欧洲人的姓氏含有“大姓”的时候,一定要格外尊重,就算这个人看起来资历平平,他背后的家族势力也不容小觑。

“老钱”们有自己的圈子,但对于看得上的“新富”,“老钱”也乐意接纳新“老钱”。有人这样理解《了不起的盖茨比》:“新富”盖茨比很想加入“老钱”阶层,于是买了个大城堡,隐姓埋名,让别人来夜夜笙歌,成为传奇人物。“老钱”代表汤姆出于好奇,想过来视察一下是否能接纳这个“新富”,盖茨比忍不住,现了身,也现了原形,于是“老钱”离他而去。绝望的盖茨比只好自杀了。

低调、自律、“hold 住”,不能急吼吼的,是“老钱”阶层欣赏的行为规则,对盖茨比们来说,这成本太高了。好不容易有了钱,还不能让人知道这些钱是自己的,不自杀也要憋屈死。

中国奢侈品业，少了耐心

很多人有开咖啡馆的梦想，但谁都知道，除了星巴克等意味着标准服务的连锁大鳄外，独立咖啡馆很难挣到钱。

所以当我听说一家独立咖啡馆居然敢选址在上海陆家嘴国金中心 IFC 商场时，相当惊讶。在这个汇集了卡地亚、路易威登、香奈儿、普拉达等奢侈品牌的商场里，靠一杯一杯地卖咖啡，能把昂贵的租金挣回来吗？

在国金中心 IFC 商场二楼的拐角处，夹在两个时装专卖店中间的一间不大的店面里，我找到了这家名为 Fuel Espresso 的咖啡店。

创始人 Sanjay Ponnapa 是新西兰籍的印度裔人，父母是医生，他自小随父母移民新西兰。Sanjay 父母的家族自 18 世纪起在印度生产经营咖啡庄园。但 Fuel Espresso 的咖啡豆并不是来自他的家族，而是全球采购。Sanjay 认为他的家族不是给了他咖啡豆，而是给了他鉴别咖啡豆品质的能力。

从 1996 年在新西兰开设第一家咖啡店起，Fuel Espresso 走的就是精品定位，开在高端商务区的豪华商场内。18 年来，他陆续在惠灵顿和中国香港地区开了十多间，总是等到一家盈利后再开下一家。2008 年，香港第一家分店开张时，适逢金融危机，那是 Fuel Espresso 相当惨淡的日子，但挣扎了两年后也盈利了。

所有的精品咖啡店都会宣称自己采用世界上最好的咖啡豆、功能最先进的咖啡机、甚至萃取咖啡汁时只取最浓的前半段，但没有一种“宣称”比 18 年屹立不倒更有说服力。口味带来的第一感觉就不用说了，时间才是最能说明问题的撒手锏。

反观中国本土的高端品牌，大多都没经得住时间的考验。毕竟，高端消费体验本身对改革开放后的中国人来说都还是历史不长的新玩意儿，更何况是去经营它？与西方人经营奢侈品牌一开始的低调和年复一年持之以恒的执着相比，中国本土高端品牌常常来势凶猛，刚开张就大张旗鼓地宣传，有种舍我其谁的气势。接下来的情况通常很类似，常常是两三年后这个品牌就开始式微，然后就不知所终了。再过一两年，你会突然发觉，也许当初做高端服饰的那个创始人已经转行做玉器去了。这时若再想起当年他做服饰时的雄心壮志，会觉得江湖真是神秘莫测，你完全搞不清楚到底是他背后的资本塑造了他当年的意志，还是仅仅是因为这世界变化太快。

记得在2010年左右，大概是被意大利的奢侈品电商Yoox和已被历峰集团收购的Net-a-Porter的成功所诱惑，中国上线了多家奢侈品电商，如今几年过去了，能被人们记住的大概只剩下不多的几家了。即使是当初豪气冲天的优众网，现在也没了前两年的气势，在高端写字楼电梯里的广告也不再叫嚣。当然，2000年就已创立的Yoox和Net-a-Porter业绩依然很好。2014年第一季度，Yoox全球运营收入增长30%达到240亿欧元。

与高调的优众网相比，由三位法国人合伙创立的“魅力惠”奢侈品闪购网站自2009年在东京成立后，2010年开始在中国同时运营，目前已有400万名会员，如今每天平均成交2000笔订单。三位合伙人在奢侈品行业领域根基深厚。合伙人兼CEO Thibault Villet曾任欧莱雅日本副总裁，负责开拓过高端品牌兰蔻的电子商务业务，之后又在Coach任职大中华区总裁。合伙人Alain Soulas和Olivier Chouvet 2000年在日本成立了一家专为奢侈品做大型活动的创意活动公司，为Chanel等奢侈品公司提供从选址、创意、舞美、舞台搭建到音响音乐等的全套服务。他们在经营“魅力惠”的同时，依然在继续这项业务。拥有欧洲九大精品购物村的Value Retail集团在苏州开设的中国第一家精品购物村的一系列创意活动，就是他们在幕后做的。这些与奢侈品业千丝万缕的联系，应该可以为他们能拿到更多优质货源开不少绿灯吧。

中国现在不差钱，差的是踏踏实实想把一件事情做成的恒心，以及长期浸淫在一个行业里才能得到的经验和感觉，甚至差的是对一个行业的尊重。通常一夜暴发的人最容易产生钱能买到一切的幻觉。而对美誉度至上、品牌形象至上的奢侈品业来说，钱虽然好，但光有钱是万万不行的，能够经得住时间考验的恒心、创意、经验和经营智慧才是真正奢侈的稀缺资源。

有名的人不一定有钱

不管工作目的是什么——赚钱、兴趣或是理想，谁都希望成为一个成功的人。这里的成功通常指的是被社会承认的那种成功，它有三个衡量指标：名望、金钱、权力。

常常有人把这三个指标混淆起来，以为有了一个，就有了另外两个。尤其是在中国，名人、富人和官人在很多场合被赋予了额外的权利：买票的时候可以不用排队、去餐厅吃饭一定要进 VIP 包厢，如果级别够高，甚至会出动交警把整条道路变成他们的专行道。英国前首相夫人切丽·布莱尔（Cherie Blair）在她的自传《我的自述》（*Speaking for Myself*）中提到过她穿着睡衣在家门口接受一束鲜花而被记者拍照，继而被媒体评价她穿的睡衣"廉价劣质"的事。她在书中争辩道："那是 Next 商品目录里一套十分体面的灰色棉睡衣，全部自然纤维，一点都不像媒体说的那样廉价劣质。”放在中国，如果有人告诉你名人、富人或是贵人的夫人，会从邮购目录上买东西，恐怕你很难相信，毕竟连南京江宁区房管局局长周久耕先生抽的都是1800元一条的烟呢。于是所有和名权利相关的人，都被硬生生地装进“特殊待遇”的套子里，以致人们很难相信他们挣的钱也许和自己差不多，他们住的地方也许还没有自己的大，他们开的车也许还没自己的好。

事实上有名的人也可能没什么钱。比如著名演员刘晓庆在20世纪80年代时，拍一部电影才只有50元，很可能没有当时卖冰棍儿的人赚得多；再比如现在的史学家朱维铮先生，出一本书因销量有限，稿费自然不会高，而大学教授的薪水很可能没有外企销售经理多；著名二胡演奏家闵惠芬也曾被发现乘公交车赶路，在她的事业鼎盛时期，很可能没有出租车司机赚得多。而经常在电视上出现的嘉宾——非常惭愧，我也算其中一个吧——也不过是在家乐福超市收银处排队付款的普通一员而已。至于有权的人，则更不应该有钱。若干年前时任国家主席江泽民对香港记者公布自己的月薪只有3000元人民币已。这个薪水比起美国总统的20万美元年薪少了很多，但即便是贵为美国总统，薪水比一个普通的美国基金经理还不如。

就是这样，名、权、利，你只能追一个。一个学界名人若想挣大钱，一定会在学界身败名裂，因为学术本来就不是个大众化的东西；

而一个具备了民众赋予的权力的政客若想捞钱的话,只有贪污犯罪这一座独木桥。当然也有不少职业可以名利双收,比如名演员、商界大亨、篮球明星等等。但说白了,人家靠的是自己出众的技艺与智慧。不管有没有名利心,最重要的是他们都是先脚踏实地做成了一些实实在在并得到承认的事情。福特汽车的创始人亨利·福特的追求是"让每个人买得起汽车",后来他做到了,钱也就追着来了。事实上这是名利场最重要的规则:你做成了一件事,名或利甚至名和利就追着你来了;而如果你一开始就在追名或利,你会发现自己离它们越来越远。

名牌与特权

我有位生活方式低调的律师朋友在受了一次刺激后，将座驾由广州本田升级成了奔驰 S350。

那是一次律师同行间的私人聚会，在一家五星级酒店的酒吧。他开着广州本田车过来，被车库管理员告知：没停车位了，让他停到步行过来需一刻钟的公共停车场。可是比他晚到 10 分钟的同事却十分顺利地把车停到了酒店车库里。这位律师不甘心地问："会不会是因为刚有人把车开出去了？"晚来的同事说："在我后面的一辆宝马车和一辆陆虎车也停进去了呀。"然后马上指出："大概是你的车太寒酸了吧。"顺便说一句，他的"幸运"同事开的是宝马车。很显然，为了形象，酒店更乐意把有限的停车位留给豪华车。

尽管低调律师很想将酒店告上法庭，出一口恶气，但出于对投入精力的性价比考量,还是决定将这口恶气咽下去,转而采用中庸的适合中国国情的方法——换了辆奔驰车。

所谓“人靠衣装马靠鞍”。这本来的意思是,穿得讲究点,人也精神点。但这意思延伸到世故的名利场,就演变成了:穿着名牌,就收获尊敬;穿着普通,就会被歧视。

这种歧视无处不在。

游艇展上,眼看着前面衣冠楚楚的人能参观游艇,单单到了你,人家就抱歉地说:对不起,今天的名额满了。等你一边离去一边回头看时,那边游艇里又开始放人进去了。机场头等舱候机室,拉着LV行李箱的人大摇大摆走进去,也没见有人查他的登机牌;等你走进去时,门口的工作人员突然像刚想起来有这个任务一样伸出手来:请出示登机牌……

连刚出道的小明星也害怕被娱乐记者歧视。若干年前,有杂志要拍伊能静,她的经纪人特地打电话过来说:能请问一下你们准备的都是什么衣服吗?她比较适合穿Prada。生怕记者不知道她穿过Prada。还有记者透露,当年采访因《粉红女郎》而初露头角的女明星陈好,记者问她喜欢什么品牌的衣服,她直爽地回答:谈不上什么品牌,我就是比较喜欢全棉的。经纪人马上插话说:“Dior、Chanel之类的,她都喜欢的。”

正是拿准了大多数人拜高踩低的阴暗心理,通过对品牌所营造的高尚生活的塑造，以及通过品牌与明星名人之间关系的塑造，奢侈品品牌成功引导了人们对品牌以及品牌使用者的态度。用品牌的贵贱，替代了地位的尊卑和个人价值的高低。如果说以前的人见到标志着等级的官服望而生畏的话，那么现在的人，则是见到标志着价钱和地位的名牌标志望而生畏。

这就不难解释为什么有钱的阔太太都喜欢买 Birkin 包了。爱马仕的这种中文叫作“铂金包”的包，是世界上最昂贵的包，根据皮质的不同，价格从几万元到几十万元人民币不等。有钱人不方便把自己的身家数目印在脸上告诉人家，最好的替代方法就是买一只名利场中人人都熟识的昂贵的包。拎在手中，无异于拎着一张有设计感的支票，像是一张身价的标签，吓倒那群势利眼。

害怕被歧视的人除了不希望受到刻薄的对待之外，还有商业上的企图。穿得华贵体面一点，没准就能赢得品牌的赞助和代言邀约。而如今奢侈品全面向生活方式扩张，你今天为时装代言，明天就有可能有酒店来找你，接下来还有床品、日用品、厨具……

只有不把自己视为明星，不以他人的名牌歧视为耻，也不以他人的名牌追捧为荣的人，才不会被品牌左右。不管有了多高的成就，不管有了多大的财富，该穿什么穿什么，该吃什么吃什么。比如我遇见的电视剧《苍天在上》《省委书记》的编剧陆天明先生，他指着自己的圆领衫说：“我太太十几块钱帮我买的，挺舒服的。”而我遇见的另一位文化人,以名士自诩。在公众场合跷起二郎腿,把脚高高抬起,以便让对面的人清晰看见他脚底的 Versace 标记。在势利的名利场,他可能比陆天明更受尊敬,但如果有一架 X 光机能透视人的内心,那么陆天明先生依然纯粹独立,Versace 名士只怕在名牌面前已经没有自尊了。

“炒作”的副作用

最近世界各地的旅游局纷纷打出了名人牌，为旅游目的地做推广。2008 年年底徐静蕾受邀去南非旅游，出书赞美南非风土人情；后来洪晃去了新西兰，并且和女儿一同出镜，力证不虚此行；最近女作家陈丹燕又与爱尔兰旅游局合作出了新书《我要游过大海》，用作家的感官体验这个出过乔伊斯、叶芝等文豪的国度。

没有人会把这些行为归为“炒作”。这算是正常的商业推广，或者你可以称之为一种正常的广告形式。它也许有夸大的成分，但在商业道德许可的范围内。

而“炒作”，是一种非正常的推广模式。“炒作”唯一的动机是为了知名度——注意，不是美誉度。它的商业思路是，只要有人关注，就能积聚人气，只要有了人气，就有商业机会。因此为了博眼球，可以没有原则、没有底线、不讲道德。

我六七年前出席一位摄影师朋友的影展时,发现许多摄影作品上都挂着“已售”的标签。当我去祝贺她时,她却悄悄对我说:“噱头!骗人的。”那时还没有“炒作”这个词。

她的这种“炒作”手法现在看来是太落伍了,完全无法吸引眼球。现在的“炒作”成功案例,在隐秘、悚动、新奇程度上,一个比一个厉害,而且无视真实性;假的,不管别人看了是否愉悦;丑的,甚至不怕践踏心底深处最柔软的善意;恶的,四处横行。套用美国电影《芝加哥》的宣传语:若不能名垂青史,就声名狼藉吧(If you can't be famous, be infamous.)。《芝加哥》描写的是20世纪20年代芝加哥的世态,跟现在的中国大城市十分神似。

看看中国现在的炒作方式吧:

一,假的。神医能上电视讲授养生,号召大家生吃茄子,多吃绿豆,并成为医疗保健类百万畅销书作家。骗局被揭穿后,大家发现他根本没有从医资格证书,甚至有人怀疑他与炒作绿豆价格的利益集团有染。

二,恶的。江苏卫视的《密室疗伤》节目,打着治疗当事人的旗号,让丧夫的、经历过老公有外遇的,或患有蛇恐惧症的人上台,被强制一遍遍观看最让他们心痛、憎恨或恶心的视频画面,并最终哭倒甚至在台上当众呕吐。为了收视率,台上几位心理病人的康复与否又算得了什么呢?

三,丑的。这就更多了。芙蓉姐姐、凤姐们过得风生水起。她们突然为芸芸众生带来一种启示:原来"丑"是一种商品,也是可以拿来卖钱的。关键是,你能否把"丑"炒作到一种招惹眼球的程度。"丑",没什么价值,能引人关注的"丑",才有商机。

"炒作"横行的后果是,真相被彻底抛弃了,善良没人相信了,而美丽也成了艺术——修饰过的。只有利益才是不变的真相。

所以易中天台上讲课,为了演示"跪席",在电视屏幕上公然跪下,被指"炒作";台湾女星在派对上弯腰捡东西,不小心被拍到内裤,被指"炒作";甚至最近有电影导演被砍,因为恰逢他指导的新片上映之际,居然也被人称为"炒作"。当然,这其中,究竟有多少真的是"炒作",又有多少是一不小心吸引了众多目光,已经分不清了。

最好玩的是,一位电视人告诉我,2009 年轰动一时的"贾君鹏,你妈妈喊你回家吃饭"这个网络热帖,居然也是"炒作"的结果。据说,因为"炒"红了这句话,却没有"炒"红真正想"炒"的商业元素,"炒手"不愿意上电视承认这是自己的"炒作"产品。如此看来,"炒作",也是有商业道德约束的。

只要"互联网"+"眼球经济"的模式还在,"炒手"们就依然有发挥的空间。而对"炒作"的被动接受者们来说,也许别人是否在"炒作"并不重要,自己能否得到有价值的信息才是最重要的。在这个信息泛滥的时代，个人的心理承受能力和判断能力显得无与伦比的重要。因为说不定什么时候，你的某个举动，也会被称为“炒作”，虽然你很无辜。

05 名利场的身份证

精英累在哪儿？

“劳心者治人，劳力者治于人”，是人人都懂的道理。而且人人都想当“治人”的人，因为他们收入高，社会地位高，当然也更有成就感。但是“治人”到底有多累，又累在什么地方，却少有人知道。因为擅于“治人”的人总是热衷于宣扬孔雀开屏的正面，而讳言狼狈的后面。在与一些企业家和公司高管有过深入交谈之后，我发现他们口中经常出现的“脑子累”“心累”主要体现在以下几方面：

信息搜集之累。既要搞清楚公司投资方的风吹草动，又要注意着公司高管们各自的想法和情绪。一般越是自己内部人的信息越难搜集，防不胜防的就是投资人突然撤了资，或者看似“铁杆”的左膀右臂一夜之间倒戈。当然还得警惕市场竞争对手的动向，以防情报有错漏，因失职而丢了高位。至于公司高管层或董事会的各种会议，更要洞若观火,有没有该来的没来的,或不该来的来了的,自己应该参加而未被通知的……一切风吹草动都可能预示着公司决策层的变化。在一次参与录制电视谈话节目《头脑风暴》时,谈到如何在经济危机之际稳住自己的工作职位时,上海光辉人力资源咨询有限公司大中华区总经理林光明先生写的题板让我印象深刻:“努力工作,让老板离不开你,与猎头保持联系。”后两条则意味着作为员工,要注意把握老板对你的真正评价与看法,并积极搜集外面的人才行情资讯,低调地透露出自己在外面很走俏,客观上也能提高自己在他人心中的地位。

利弊权衡之累。因为你的休假而导致一个案子出了乱子,同事忙了两个通宵才搞定,是利还是弊?弊在提高了下次休假被批准的难度,利在你对公司的作用得到了充分体现。如果你休假两个月期间公司一切照常运转,才应是令你彻夜不眠的坏事。这就是为什么许多精英一闲下来就寝食难安的原因。今年超额30%完成指标不一定是好事,很可能遭到的“报应”是明年的指标翻了倍;而大批员工跳槽不一定是坏事,也许下一年度的人力成本预算会大幅度增加。同样一件事,被“劳心”的人反复盘算思量过之后,会得出全然不同的结论。此外,还需要对搜集来的信息进行解码:竞争对手的真正目的是什么?董事会为什么长时间不批预算,等等。而这一切都需要时间来完成,所以他们中很多人睡眠时间很少,或者容易失眠。

行动决策之累。有完整准确的信息，才能得到正确的分析结论，并落实成有效的行动。用什么方式去行动？是找有影响力的人去游说，还是闪电偷袭？是制造舆论，还是以静制动，以不变应万变？这和处理家庭矛盾有点类似。是找德高望重的亲戚来调解，还是花钱去看心理医生，抑或大吵一场或打冷战？治家和治公司当然有类似的地方，治得好都是和气生财，治不好都是一拍两散。

2002 年诺贝尔经济学奖得主丹尼尔·卡恩曼（Daniel Kahneman）把心理学和经济学相结合，研究“不确定状况下的决策制定”。他的研究成果被通俗地解释为：同样是一万美元，突然失去它的痛苦，远远大于获得它的幸福。这个理论同样可以解释为什么精英会这么累。因为他们拥有的东西太多了。拥有它们的幸福未必有多大，但失去它们的恐惧和痛苦，却很多很多。因此，期望成为“治人”的精英的人，首先要有这个心理准备才行。

当作家是要饿肚子的

就读于成都三本独立学院中文专业的大四学生来信说:“现在本科学生遍地都是,三本的学生很没有竞争力。不过,我们学院的社会关系很广,所以,我经过了一个简单的面试就成了某县银行的实习生,因为工作出色,不出意外的话,可能顺利留下来就业。

“让我纠结的事情来了。如果顺利工作,拿一份不错的稳定的薪水,工作环境好,当众人眼中的小白领,过不算拮据的生活;但我很喜欢我的专业,也有点想继续往社会学方面深造,倾向于从事中文类的工作。但是,下决心要考研的话,不一定能考上,反而把找工作的时间耽误了,就算读了出来也不一定能找到好工作;如果轻易地放弃了银行的机会,去寻找自己想做的工作,就不一定能够再找到这么好的企业了……我害怕我放弃了一个好机会,去寻找所谓的美好,到头来发现所谓的美好也爬满了虱子……”

韩寒在博客上曾经感叹作家写作收入的微薄。有机会出书的作家，在有志于当作家的群体中，已经算是佼佼者，一本书首印 2 万册，更是相当了不起了，假如书定价 20 元，版税为相当不错的 10%，税后所得，不到 4 万元。就算一年能出版一本书(大多数作家是做不到的)，光靠这年入 4 万元生活，如果在城市里生活是相当拮据的，应该比县银行的职员还要穷吧。

作为写作者中的一员，正因为深知文字这一行谋生的困难，每当媒体上一位名作家侃侃而谈自己的作品有多深刻时，我总是会尽可能多地了解他在作家身份之外，是靠什么谋生的。因为“名作家”都不是一蹴而就的，大部分是辛辛苦苦写了十多年，然后一夜成名。你看到的是现在他写一部书能挣多少钱，你没看到的是之前十多年他是怎么挨穷的。拜网络和我媒体职业的便利所赐，我知道了很多作家的另一个身份：有的是公务员，是某市某区的街道办事处朝九晚五的上班族；有的挂靠在八竿子打不着的事业单位，可以不去上班，但能拿到基本工资和四金；有的在学校任职；有的是工厂的宣传干事；还有的先在洗衣房当蓝领，后在学校任教……

而作家和作家碰到一起时，通常不会聊创作，因为写作是个极端个人化的私事，除非作品已出版，否则很难拿出来沟通。作家们聊的和普通上班族一样，大多是些熟人的八卦，比如：张作家上课教的是马列，写的作品却都是无政府主义，因为实在太拧巴，最近精神状况不太稳定；李作家最近投资被骗，经济上出了问题，到处借钱还贷；赵作家开始练书法了，你知道吗，他一幅字值5万元；陈作家堕落到去做编剧了，不过听说每集能挣好几万元，来钱很容易……

活得舒服不容易，活得舒服的同时还想制造点精神满足就更不容易了，其实大家都在想办法走平衡木。从别人的八卦里，你可以读到每个人是怎么玩“生存＋生活”这根平衡木的。没有最好的，但总有最适合你的。

生活是美好还是爬满虱子，取决于你是用美好的心态去看，还是用爬满虱子的心态去看。在我看来，银行与“中文类”工作并没有冲突。作家缺的是素材和生活经验，银行经验对有些作家来说也许相当宝贵；此外，就算你放弃了眼前的机会，又没有找到你想要的“美好”，生活也没有因此爬满了虱子，至少你收获了勇气吧。除非你觉得收入好的“中文类”工作就是美好，而收入差的“中文类”工作就是爬满了虱子。

有目的聊天法则

一次好的聊天就像一段好的相声，既需要逗哏，也需要捧哏。逗哏是需要天赋、个人魅力以及技巧的，通常是话痨子的专利。但捧哏人人做得了，只要你甘当绿叶——而根据我的观察，这个素质也相当稀缺，更多的人还是愿意自己当红花，这当然会引起其他红花的排挤。所以，当不了红花不要紧，会当绿叶也是很受市场欢迎的。

技术高的绿叶，需要适时地给红花提内容的醒——比如：你当时签下那个单时不也很搞笑么？还要适时地制造戏剧冲突——比如：别乱讲了，我记得当时根本不是你骂他，而是他骂你嘛——目的是为了给“红花”火上浇油，让聊天的场面更加烈焰熊熊。当然绿叶需拿捏火候，若红花一时语塞，找不到台阶下来，绿叶还得赶快给人家端台阶，不然就结了梁子，虽然红花的挫折承受力普遍较强，但凡事都有个限度。客观地说,我算是优质绿叶,因为我不擅长和不熟的人谈得热火朝天,却擅长自嘲而且不怕被嘲讽。偶尔我也客串红花,在和比我更闷的人交往时。总的感觉是,做红花比较累,一边嘴里在说话,一边脑子里要想着这个说完了,下面要说什么。而且我发现虽然我也听过很多段子,可是当我想复述时,却往往不是忘了开头,就是忘了结尾。因此如果不是必须做逗哏,我个人还是倾向于做捧哏。事实上,如果你能让一个人对着你滔滔不绝地讲下去,也会引起对方的好感,这种好感甚至比你对他滔滔不绝地讲段子更强烈。

初次见面时的聊天,开心比表达自己真实的想法更重要。社交场上的老外很多时候在这方面更加机灵。一次遇到 *When China Rules the World* 一书的作者,因为他在书中举了很多历史上中国统治世界的例子——连中国皇家的马球疑似高尔夫球的雏形也写在里面,并进而推断出中国统治世界只是时间问题的结论。于是我对他说:"作为一个中国人,我热爱您的结论。"他反问我:"你指的是高尔夫球那一节吗?"我一时想不起怎么回他,只好哈哈了事。当晚回家后,我万分遗憾地想到:如果我当时说"你能论证一下网球是中国人发明的吗?我喜欢费得勒多些"该多好啊。抖机灵式的聊天需要的是发散性思维,借助对方的话,飞到更有趣的地方去,而不必在意话语本身的意思。这对于在封闭式教育体系中长大的中国人,绝对是个挑战。

此外,对不熟的人不要急着表达自己带有价值判断的真实想法:比如你这么想有点崇洋媚外,那个人比较卑鄙……事实上,毫无保留地表达自己的真实想法是件奢侈的事,就算对再好的朋友、再亲的人也不能百分百做到——就连最亲的妈妈也很可能被你的真心话惹怒——这就是为什么我们得找心理医生,也就是花钱找人听我们的真心话的原因。

名利伤害

我认识的一位“资深”电视嘉宾有段时间情绪十分低落。由于常在电视上露面,他大概有了一种“名人”的优越感,而一贯对自己高标准、严要求的他,因苦于无法在电视领域有更大的发展而陷入持久的烦躁不安的状态中。其实和众多电视嘉宾一样,他有一个全职工作,并且在这个岗位上表现优秀。但显而易见的是,“电视嘉宾”这个身份为他带来的社会认知度和荣誉感更强。举个例子,他去趟银行或者去做脚底按摩,都会被服务人员认出来,这种“成名”的陶醉感是那个专业岗位无法提供的,尽管他的专业岗位带来的收入远远高于电视嘉宾的报酬。最可怕的是,他的烦躁也影响了他在专业领域的纵深发展。在一两年的时间里,资历不如他的人都升到他头顶上了,因为领导评价人家工作“专心”。

如果说一个兼职电视名人都会被名气害得进退维谷，那么职业影视名人则会面临更直接的“毒苹果”。吃下去，伤身体；不吃，诱惑无穷。

一个电视剧组的制片人告诉我，他们戏开拍没多久就停机了，原因是女主角打了瘦脸针引发了暂时的“面瘫”，无法继续表演。演艺圈的整容并不鲜见，只是这位女主角并不是以容貌见长，而是以演技成名的，并且在多次采访中都流露出一种只热爱表演，置身名利场外的姿态，为何就连她也要赶“整容”的潮流呢？原因很多。广告商对容貌的要求，经纪人在一边煽风点火，导演和制片人对监视器中人物造型的期许……这周围的一切都会造成一种幻觉：也许我的脸再瘦那么一点点，就一点点，就可以多接几个广告代言，监视器里出来的形象就更完美、更容易被观众接受……

我可以想象一个纯粹热爱表演的人在进入这个行业时，可能绝对不会想到自己有一天也会去做整容之类的事。但随着事业的进展，你的名气、你的经历会让你对自己的期望值升得越来越高，高到你需要突破身体的物质极限才能够得着，而浮在眼前的利益诱惑也越来越大，大到你愿意做出以前想也不会想的妥协。而这些“突破”和“妥协”就这样润物细无声地伤害着你的身体和意志，以一种不容易被你发觉的方式，或者你故意不去发觉的方式。

除了在身心上的妥协，知名度带来的最大伤害还有，它容易让你对自己产生误解。我到底是谁？是媒体上宣传的超人，是粉丝们心中的偶像，还是广告里那个毫无瑕疵的神？

我有位海外归来的朋友在一个商业场合遇见过名人洪晃，寒暄了几句，他意识到这是个中国名人，却始终不知道她是干什么的。后来我引用了洪晃所著的《名门痞女》中的宣传文字向他介绍洪晃："章士钊的外孙女、章含之的女儿、乔冠华的继女、陈凯歌的前妻。"这位友人还是一脸茫然地追问："那么，她到底算是干什么的呢？"是啊，她到底是干什么的呢？因为我是做媒体的，所以我知道她在经营一个媒体公司，但旗下媒体的知名度并不高。然而很多知道她是名人的人，或者知道她与众多名人关系的人，却真的未必知道她自己到底是干什么的。

盛名之下，你到底是干什么的呢？在经历了起起伏伏之后，我觉得章子怡开始认清自己了。以前她接受采访的时候，给人的印象是"Hi，我是章子怡"。但现在她经常强调的一句话是："我是一名演员。"这让我想起同是明星的孙红雷在接受电视采访时说的话："我别的都不会，就只会演戏。"这句话看似简单，却其实反映出说话的人头脑之清醒，心态之冷静。

相当多一部分人在盛名之下已经忘了真实的那个自己了：不是靠一技之长谋生的有七情六欲的人，而是去扮演那个"名人"，过起了高高在上的生活，直到最后重重地摔落下来，打回原形后才能清醒过来。

污点机会

在中外媒体待了快二十年，我接触过不少名人，也听过不少无法写入文章的八卦。一个感触就是，好像没有哪个名人的发展过程是完全阳光的，总有那么些不足为外人道的“污点”，哪怕是一些看上去业务相当过硬的“大拿”。

这“污点”可大可小。最小的，比如“替补队员上位”，或者更恶劣一点的，“过河拆桥上位”；中等的，靠忽悠或者狐假虎威取得优势地位。这在北京相当普遍，很多人会虚张声势地暗示自己认识一些“贵姓”的人，成功地把自己定位成“上面有人”的形象，偏还就有人买账，主动把机会送上去；罪大恶极的，比如偷税漏税，或者是行贿（包括动用性资本）；最最恶劣的，是动用关系巧取豪夺。听有位银行家说起，自己的一个项目进行到一半，突然横刀杀出一个“大腕”，然后煮熟的鸭子就飞到别人盘子里去了。有位演员说,有一部大片,谈好了自己演女一号的,合同都签了,突然就黄了。你还不敢去告,更不敢捅给媒体,因为就算告赢了也赔不了多少钱,却很可能接下来两三年都没戏拍了。那么最终得到这个角色的女演员是如何赢得这个机会的呢?呵呵,也别尽往坏处想,里面也许有多种可能。

机会转瞬即逝。僧多粥少,为了得到一个机会需要付出些代价,是可以理解的。况且,每个人欲望的大小不同、开出的价码不同、愿意投入的精力不同、实力也不同,机会的采购方完全可以跷起二郎腿慢慢地挑选。即使在完全市场化的环境里,也不能排除灰色地带。敢于深陷灰色沼泽的人至少有两个优势:一,更渴望得到这个机会,因而更愿意为此投入时间与精力;二,更愿意付出代价,因而成本可能更低廉。因此最后的结果很可能是,综合实力高但道德底线也高的人,最终败给了综合实力略低但道德底线也略低的人。

有人对我说过:真正的"大腕儿"都出不了头,出得了头的都谈不上是"大腕儿"。说的就是这个意思。

我不太同意这个说法。

对很多行业来说,好的机会太过稀少,而能带来的潜在利益又太过巨大,贪婪的人性跳出来作怪也就不足为奇了。如果有商业利益严格把关再加上严密的制度站岗守卫,人性再贪婪也得按商业规律和法律办事。中国一些律师事务所里,创始合伙人想招外甥女进来,也得经过其他合伙人的投票。这时，若你有金刚钻仍需要“潜规则”才能揽上瓷器活儿，只能怪供需太不均衡。铩羽而归的人也不必哀叹不公，而是可以为自己的高尚自得，甚至可以回家庆幸，还好没进入这个“邪门”。毕竟，这还只是一场恶战的开始，前头的血雨腥风还多着呢，若一直这么冰清玉洁地前行，不被别人暗杀也会得抑郁症夭折。就好像屈原，他若去搞政治，可能更短命，还不如去写《离骚》。

而在制度不完善、违法成本太低、社会诚信体系摇摇欲坠而某些人的权力又太大的环境下，想清清白白地获得一个机会、堂堂正正地运作这个机会、实至名归地享受这个机会，基本上和姜太公能钓上来的鱼一样多。

在成为英雄之前，首先得成为枭雄。这是这个时代的大背景已经写好的序曲，没有人改得了。

好莱坞 3D 动画师的失落

几年前看《功夫熊猫》时，我曾被熊猫身上一根根的毛的细节震撼，虽然这个镜头只出现了几秒钟。我并不了解好莱坞 3D 动画产业，但可以想见，这个活儿应该是电脑动画师的杰作，其工艺之精细，并不亚于刺绣。

不久前在瑞士文化基金会主办的讲座上，我终于见到了两位在好莱坞发展的瑞士籍 3D 动画大师，本以为可以近距离了解这个令人兴奋的行业的幕后情况，甚是兴奋。谁知道幕后情况是了解了不少，但也了解到从业人员的不少委屈和失落。原来真实的情况是，制作出那一根根逼真皮毛的 3D 动画师，并不一定和我这个观众一样兴奋。

参与制作《蝙蝠侠与罗宾》《哈利 · 波特》等电影的尼古拉斯 · 伊

霍夫(Nicholas Neuhof)说,他第一次感到失落是在制作过一只橙子从桌子上弹起来的镜头。由于摄影机拍不出这种“弹力”,他花了几个星期才把这个镜头做得“弹力”十足。然而,这个镜头只在电影里出现了还不到一秒,橙子被扔到桌子上,是摄像机拍的,从桌子上再弹出屏幕,是他做的。最令人灰心的是,很可能观众根本意识不到这里面还有电脑特效师的工作。

不被认知已经够让人苦恼的了,不被尊重,则又为这道伤口撒了一些盐。在尼古拉斯接的一个案子里,需要他为一辆被撞翻的汽车制作特技。他说,如果摄制组在拍摄前能与我们沟通,我们会用更少的时间和精力制作出同样完美的效果。但他们从不这样做,总是拍完了以后扔给我们,让我们处理以后的事。尼可拉斯说:“没错,不管你把什么样的东西给我们,我们都可以给你做出最完美的效果,无非就是花多少精力和金钱的事。”他的言外之意是,他们并不愿意把时间浪费在无谓的工作上,这不是钱的问题。

与他相比,另一位特效师克里斯坦·洛瑞兹·施尔(Christian Lorenz Scheurer)则显得安分守己些。克里斯坦主攻特效中的“绘景”,为影片情节画出场景,然后制片方会根据他的绘影布景,再用电脑模拟。虽然他也有不少心血最后付之东流,比如影片最后没有出来等等,而且他偶尔也会接一些并不喜欢的工作,比如绘制恐怖怪兽等形象,但总的来说,他对这份工作的态度更超脱——你付钱,我工作。至于结果怎样，他并不太在意，他只在意自己能控制的那个部分，接这个活，还是不接这个活。

两位特效师，代表了两种职场人。从业务能力上看，他们不分伯仲，但一种人更看重自己对整个行业的影响力，而另一种则更专注于自己的专业领域，但求技艺精益求精，从工作中获得的名利回报也越来越高，至于其他的因素，就随它去吧。

希望掌握更多话语权的尼古拉斯成立了自己的工作室，除了继续制作 3D 特技，他的工作室还接了不少电影场景搭建的生意，逐渐走向经营的多样化；而安分守己的克里斯坦则多年如一日地在电影绘景领域耕耘。《泰坦尼克号》中的船、《黑客帝国》中格斗的场景、《后天》中雪景的城市都是他的作品，成为 3D 动画界的名师。

对工作不同的期待，导致职业发展的不同路径。职业人发展的道路看似很多，其实归根到底，不过就是这两种而已。

谁能挨过沉寂期

像张柏芝那样，不拍戏、不接代言的时候，也能成年累月占据报刊杂志头条的名人，并不多见。绝大部分名人即使在走红后，也会遇到低潮期，主要的外在表现就是，不被媒体关注，一片沉寂。

比如1991年靠《外来妹》一剧红得发紫的女演员陈小艺，之后十几年一直无声无息，直到2005年参演了《半路夫妻》后，才被媒体称为“焕发第二春”。在一个电视访谈中，主持人问她：“你这十几年都在干吗呀？”她无奈地回答：“除了生孩子那一两年，我一直在拍戏啊。只不过那些戏很多就没播出过，有的直接就做成DVD躺仓库里了。”在网上一搜，还真是。她参演的作品有1993年的《武生泰斗》，1995年的《夺宝行动》，1997年的《新霸王花》，2000年的《好日子一起过》，2001年的《罪案终结》，2002年的《不觉流水年长》，2003年的《母亲》

《大姐》……再加上一串儿从没听说过的电影作品,她还真没闲着。

一直在奋斗,却从来听不到个叫好声,这滋味想必并不好过。而对于曾经被舆论热捧的艺人,之后十几年一直处在这样的尴尬境地,尤其需要淡定的心态和过人的意志。小户人家一夜暴富最多不过多点暴发的丑态,大户人家突然凋零搞不好就会闹出人命来。

如果陈小艺的沉寂期是因为她遇人不淑或者对项目的判断有重大缺陷,那有些人的沉寂期则完全是自找的。

一个香港导演在提到某女演员时讲,当初在合作的一个电影里,她饰演一个小配角。导演觉得她外形不错,人态度也好,就直接把她推荐给香港的一个电影剧组,演一个分量较重的角色。没想到一到香港,这位女星习性大变,对日常起居提出了不少高标准、严要求,结果已经定了的角色又黄了。而且接下来的几年中,因为风闻此女尚未成腕儿,就有了腕儿的风范,竟没人愿意找她拍戏。

但即使你克己隐忍,也无法阻挡沉寂期的到来。因为红到发紫时,也容易进入沉寂期。一来,行情涨得太快。光是盛名已经把绝大多数项目吓走,人家宁可去找等而次之的实惠人才,也不愿被你的天价羞辱。尤其是影视行业,哪部戏能赚钱,哪部戏不能赚钱,还真不是由演员的红与不红决定的。二来,一旦红了选择就多了,选择一多,说“No”的次数也就多了。一来二去,马上就会被传此人口味刁钻,被认为爱耍大牌。三来,走红了,外界的期待也就水涨船高。一旦表现得不如前次那般出色,或者仅仅和前次持平,都会被认为是止步不前或者退步。

如此看来,盛极而衰几乎是命运的必然。名利场永远只关注“红人”们的巅峰状态,而对他们沉寂的时候选择性失明。但对于一个活生生的人来说,被名利场的追光追到无处躲藏的日子得过,被名利场弃之如敝屣的日子,也得过。

经历过多次大起大落的曹启泰曾对我说过,为工作忙碌时,享受事业与成功;没工作可忙时,就去打高尔夫球。我问他,打球的时候,会不会觉得落寞?他说,怎么会?打球的时候一定要专心,因为很可能过不了多久,就又忙得没时间打球了。

这位最近在电视主持事业又逢沉寂期的名主持人组了个乐队“怎样音乐”,在如今音乐产业市场惨淡的年景中逆风而行。他在接受媒体采访时很骄傲地说:“我做来自己爽不行吗?怎样?!”用这样的方式来应对沉寂期可能比打球更爽吧。他很可能会忙碌得不仅没时间打球,也没时间管什么沉寂不沉寂了。

名利场的身份证

大概十多年前,我刚进入时尚杂志行业时,那个圈子里能标志自己身份和地位的是来自奢侈品公司发布会的邀请函。因为他们的客户非富即贵,而且一般能请到名流与明星到场,因此成为众星云集的名利场。记得在一个发布会的现场,一位《新民晚报》的记者问我:"晚上那个发布会你去吗?"我说"不去"。他得意地说:"我今天一共 7 个场子,上午要跑掉 3 个,下午和晚上一共 4 个。"那是《新民晚报》的黄金年代,虽然那位记者穿得并不像时尚圈的人,但没有一位品牌公关敢怠慢他。

如今的时尚传媒圈比那时成熟多了。在圈子里跑动的记者编辑若身上没有两件当季的大牌单品,很可能会有种疏离感,因为你会发现周围的同行或者同事都在谈论身上的行头:新买的耳环或拎包是哪个设计师的产品,找熟人打的是七折还是七五折。所以,买不起大衣,至少得有个装饰性挂件吧，最好是别人一眼就能看得出的牌子，省得再开口解释。我有个开意大利进口家具店的朋友最近就心心念念想要一只爱马仕的 Birkin 包，这只被叫作“铂金包”的包，是世界上最昂贵的包，根据皮质的不同，价格从几万元到几十万元人民币不等，而且因为数量有限，需要排队数月至数十个月等候，因此更显身价。但家具店老板渴望得到它的原因倒不在于它的皮质有多么好或者款式有多么动人，而是因为她的客户几乎每人都有，如果她没有，就落了单。

归根到底，还是一种身份认同的需要，谁都想在一个让人羡慕的群落里安营扎寨，找到归属感和优越感。

但真正能在名利场中安营扎寨的决定性因素，当然不是手里拎着的包，也不是包里的那张请柬，而是你是否创造了被这个圈子认可的作品和价值。比如美国《名利场》杂志每年会拍一张好莱坞大明星和当红新人的合影，通常是 3 页的拉页，由著名摄影师安妮 · 莱博维茨(Annie Leibovitz)操刀，这往往被认为是下一年度最热门影星的风向标。即使是受邀的新人影星，也都是已经有了不俗的作品，并且受到几大电影节的青睐。2005 年章子怡凭借《艺妓回忆录》跻身合影之列，1998 年凯特 · 布兰(Cate Blanchett)切特则因《伊丽莎白女皇》现身。顺便说一下，摄影师安妮 · 莱博维茨多少年来在《名利场》营造的“名利场”中屹立不倒的原因是，她不仅早在 1980 年就拍下了那张震惊世界的全裸的约翰 · 温斯顿 · 列侬(John Winston

Lennon)和小野洋子的床上合影,1991年拍过勇敢的全裸孕妇黛米·摩尔(Demi Moore),并开创了孕妇拍裸照的时尚潮流,而且,直到如今的花甲之年,还在孜孜不倦地创新着。

就是这样,作品和成就,才是名利场真正的身份证,也是名利场经年不倒的核心因素,但名利场不仅需要你有成就,还需要你热爱成就带来的骄傲与显赫,并乐得与造势的媒体一起将这种得意淋漓尽致地表达出来。这就为一众没有足够大的成就却希望与这个圈子结缘的人提供了发挥空间。毕竟有成就有作品又有腔调并且还喜欢出头露面的人少之又少,名利场也需要看上去光鲜亮丽的人来造势,因此“铂金包”之类的身份证便应运而生。

为身份排序的明争暗斗是名利场的一大看点,也是名利场里的人不得不遵循的游戏规则,这个圈子里的人根本就是理直气壮的欺软怕硬。陈香梅在《春秋岁月》中提到,华府著名酒店的门童一般都记得熟客的座驾和车牌,并只为他们提供泊车服务。一天她带朋友来这儿,开的不是自己的汽车,便被慢待,门童对她说:“请自己停车,我们今天很忙。”陈香梅没有自己去停车,而是走到他面前教训他:“查理,你今晚怎么不认得我了?你是不是只认汽车不认人?”门童难为情地帮她停了车。

这个时候门童是否代为停车,已经从一项细小的服务升华为一场对名流身份认可的印章。在华盛顿这个全球瞩目的名利场,若不想被人看轻和怠慢,怎么能轻易丢掉这张身份证呢?

赚钱不怕俗

先做展览、后做公关，最近又改做网络时装名品直销的前同事对着我大发感慨：越是看上去很美的生意，越是赚不到钱，越是看上去俗不可耐的生意，越是赚钱。比如，离奢侈品越近，她越是发现做奢侈品生意赚钱很难，钱都被豪华商场赚走了；反而是那些制作并销售看上去俗不可耐的衣服，也没多少人知道其品牌的人，身家个个过亿。

类似的感慨我听到过很多次了。比如一个做塑胶礼品的人，通过关系好不容易找到一个计生委的人，结果人家看在朋友面子上才订了几十个，还有附带条件——希望他们接下一个制造供免费发放的避孕套的单子，量很大。为了维护关系，礼品制造商很不情愿地接受了条件，最后的结果是，那几十个主打产品没赚到钱，几百万个避孕套倒赚了不少。

文化产业也是一样。电视制作人对我诉苦,本来想做一档高雅的文化时评节目,可是收视率的结果显示,如果嘉宾们相敬如宾,温文尔雅,收视率就上不去;而嘉宾若像《超级女声》的评委一样吵得翻了脸,最好像包小柏那样当场宣布老子不干了,收视率就会一路狂飙。这就是为什么越来越多电视节目里的嘉宾吵的吵、哭的哭、骂的骂。俗吗? 很俗。可是一般观众都是一边看,一边骂节目俗。骂来的收视率也是收视率啊! 有收视率才有广告收入,没有收视率就意味着这档节目很可能会关门大吉。

高雅着饿死,还是变俗了生存,这在目前似乎已经不再成为问题。先活下来再说,会成为生意人的第一选择。

所以有位书商对我说,现在我们做的书,书名越俗,卖得越好。看看现在畅销作品的名字《和空姐同居的日子》《裸婚》《求医不如求己》,不是大实话就是往猎奇惊悚上靠,相比之下,六六的《蜗居》,书名已经是文艺精品。大概是被席卷全中国的川菜、湖南菜的红油剁椒轰炸惯了,如今大家的胃口都比较生猛。斯文淡雅的书名,引不起人的购买欲。比如我现在看的《水流云在:英若诚自传》,若不是朋友推荐,估计我也不会买——名字太素淡,留不下印象。

虽然书市的这一规律我已有所耳闻,但是当出版商给我的新书取名为《成功是个什么玩意儿》时,我的第一反应还是“天呐,不行”,

就像得知自己的孩子被取名为“富贵”一样。但是经过出版商循循善诱的教导以及“销售部对这个名字很有信心”之类的疑似威逼利诱后，我还是妥协了——如果这个名字真的卖得动的话。怕就怕名字取得俗了，卖得还是不好，实际上这种可能非常大。媚俗也是有风险的。

有些诗人书商选择用这样的方式来平衡金钱和艺术的关系。白天他们出“什么玩意儿”之类的书，赚眼球、赚销量，晚上回家在博客上写后现代的诗。这些诗不供出版，不为赚钱，只留给自己看。那些心心念念想做高雅生意的人，大概可以参照这个玩法，不求回报地将高雅供养下去。

梦想是什么生意

北京电视台财经频道《名人堂》栏目的“80 后”梦想行动派中重要的一站是去李开复的创新工场交流经验。

把“创业”和有“梦想”结合在一起的不止是北京电视台，上海艺术人文频道的《大声说》在讨论青年人梦想的一期节目中，也请来一位 80 后的创业者，作为梦想的代言人。在这些媒体的暗示中，创业又岂止仅仅与“梦想”有关，还意味着“远大理想”“成功”和“有作为”。在热门征婚节目《非诚勿扰》中，我看到过一位中国本土最大的 IT 公司之一的销售经理倍受冷遇的情景。有女嘉宾问他：“有没有想过创业，把自己的公司做上市？”“没有。”女嘉宾马上说，“我希望找一个有理想、有追求的人。”原来有一份体面工作，并且不到 30 岁就已经做到收入不错的销售经理，希望过和睦安稳的平静生活，倒成了没理想、没追求的典型。

用创业与否来界定梦想的有无当然是荒谬的。在我接触到的林林总总的人当中,有梦想的,不一定经营得成功;经营得成功的,不一定有梦想。比如一位法律系大学教授,曾经梦想着重塑中国司法系统,他当然没有成功,不过是一名大学教授而已;比如广东一位经营食堂的企业家,如今日进斗金,但他从来没有梦想过重整中国食堂业,创业二十年中,他不知换了多少个行业,什么挣钱做什么。梦想是什么生意?有钱赚吗?

但有梦想的人肯定过得更丰富,只是不要把梦想和“成功人士”联系在一起。在我看来,很多经济上成功的人,当初只是满脑子想挣钱,并且善于行动,等到家大业大的时候,接受采访的媒体多了,在媒体的启发下,就顺便为自己创业的当初虚构出一段梦想,方便媒体写出更有韵味的文章。

头脑复杂一点的“成功人士”则善于控制梦想,能够准确判断出什么想法能赚钱,什么想法不能赚钱,并且把亏本的梦想控制在有效的时间和投资范围内。这是我和多位企业家聊天的心得体会。在某些方面,他们还没我的想法多,但他们一边觉得和我聊天挺有趣,一边早就判断出我的这些想法毫无商业价值。他们的时间都用在经营企业上了,哪有时间留给梦想?

但对于事业上刚起步的年轻人来说,有梦想是好事,只是未必需要将这个梦想付诸行动。我倒是觉得,行动上尽可以朝商业利润大的方向走,将梦想像圣人一样供起来。等到翅膀硬了,飞得高了,如果这个梦想依旧,你会欣慰地发现自己已经有了经济实力和经验阅历来经营它。这才是理想中的“梦想行动派”吧。

我是谁

一位做品牌营销近二十年的资深专业人士最近陷入了心理危机。他突然开始质疑起自己整个的职场生涯。用他的话说:“你是做媒体的,人家提到你会说,这是那个媒体的。可是我呢?人家一提到我就说,你是那个做啤酒的,或者你是那个做可乐的,可是我不是这些公司的人。这么多年,我到底在做什么?”我惊讶地看着他:“照你这么说,奥美、电通的人不是得天天去看心理医生?”他分辩道:“提到奥美、电通人家也知道啊。但提到我的公司和我,就没人知道。人家只知道我参与过的啤酒和可乐广告。”

瓶颈期带来的问题——这是我的第一反应。多年来他的公司维持着活得滋润却谈不上大发展的局面。如果前些年他还在享受着施展拳脚去创业的快感的话,这几年则已经开始忍受事业的重复和单调。

再一想，瓶颈期也许只是情绪的触发点。最根本的原因还是突然发现真实的自己其实和想象中的自己并不一致。

举个例子，在承接客户项目的时候，他的权限有时会比客户公司负责推广宣传的副总还要大，常常是创意和执行自己一个人就决定了。这也激发了他全部的热情去投入。在想象中，他早已化身为这个产品不可或缺的一部分。冰冷的现实是，很可能在该产品下一季的推广活动中，他就被拒之门外了。这有点像入戏过深的演员，戏里演孩儿他妈，戏杀青后，还以为自己是那个小演员的妈妈。

搞不清楚自己是谁的还有一些大公司的管理层们。因为处于行业翘楚的要害职位，他们常常扮演着人脉甚广、倍受尊敬的大哥大姐的角色。在这种众星拱月的局面中，他们很容易忘记支撑他们的那个公司，而把这些鲜花和掌声算到自己的个人能力上。这种假象会一直维持到他们离开公司去创业。等到他以个人公司的身份再去敲那些小弟小妹的门，才会发现，鲜花没了，掌声没了，有的只是利益的计算器。这时才恍然大悟，原来当年的威风是狐假虎威，自己是走在前面的那只狐狸，所在的公司才是后面那只老虎。

很多行业在想象中和现实中的形象都是不一样的。比如记者在别人眼里是无冕之王，给人感觉是吃着喝着拿着，记者却自称“新闻民工”，意指稿费低廉，而日夜赶稿的加班情况众多；电视台的编导称自己为“电视民工”，有的时候要上街拉观众，还要做帮忙搬重物之类的事情，有些投行人士自谦为“空手套白狼的皮包公司”，意指不停地见人，把各方人马聚拢在一起，而自己公司账上没什么钱。就连美国第一夫人米歇尔·奥巴马也感到自己的总统丈夫与想象中不同。想象中，他应该是能为总统这个职位带来“变革”的与众不同的总统，冰冷的现实是，他在人们心目中和以前的总统没什么不同，除了肤色。据说，这让他压力很大。

谁不愿意把自己的职业想象得更体面一些呢？为了避免心理崩溃，最好的办法是把孔雀开屏的样子给别人看，回到家后静下心来洗后面的屁股和羽毛上的污点。其实每个职场人都是这样的孔雀。成功的那些，更擅长对外人开屏，看自己屁股的时候更冷静，也绝不会允许自己那么多愁善感。

06 跟着工作漂泊

穷学生，富学生

一位小学一年级学生的妈妈对我说，她的孩子问她："班上有同学背的书包是600元买的，我的书包是多少钱买的？"她一时没想起该怎么说，就回了句："瞎说，哪有600元的书包？"我同学的儿子也问过她类似的问题："妈妈，我们家是穷还是富啊？"我同学回答说："不算穷也不算富吧。"

看来，对中国父母们来说，引导孩子有个健康的金钱观已经成了新课题。这是我们这一代人的父辈们不懂得、也不需要研究的领域。我上小学一年级的时候，同学家庭的贫富差距最多不过是12寸彩色电视和12寸黑白电视的差距。

这种家庭经济状况的差距同样影响着正在为找工作发愁的大学毕业生们。

是找一份稳定且收入不错但没什么意思的工作,比如考公务员、进央企,还是找一份自己感兴趣但不稳定、收入也不一定高的工作,一直是应届大学毕业生的典型问题。我突然意识到,之所以有这个问题的产生,部分也和贫富差别的产生有关,因为有些人已经可以没有经济顾虑地去选择有兴趣的工作了,或者干脆选择在家里“啃老”。而在我们大学毕业的年代,根本就没有这个选择,甚至根本想象不到还有这个选项。

我以前有个实习生就靠着殷实的家庭背景,先是从上海财经大学以优秀毕业生的身份被毕马威(KPMG)录取,为了圆梦新闻理想,大四下学期到FT中文网实习,工作一年后发现毕马威的工作与自己的兴趣不同,就突然辞职,去东华大学读了个时装设计学位,拿到文凭后又发现成立时装品牌工作室是非常困难的事。闲了一段时间后,她又和朋友合伙创业。不久前她告诉我,公司运营得挺不错,她也很喜欢这项事业。在这兜兜转转的过程中,她的父母给了她坚实的经济支持。

与大多数人相比,她当然是幸运儿。但我的想法是,如果能说服父母为自己“寻找理想”的过程投资,未尝不是一件好事。这其实与大量的创业者四处说服投资人为自己的公司投资,道理是一样的。当然,既然是“融资”,就要有偿还的条款,就算父母还不适应跟孩子建立商业契约,你也要清楚,拿人家的手软。其实不要回报的父母才是最需要警惕的，也许他们希望控制你的整个生活。

对"融不到资"的大学毕业生，我的建议还是怀揣着理想与兴趣，先去找一份薪水高的工作。其实对大学生来说，最缺的不是专业技能，而是社会经验。先找到一个能容纳自己当社会的螺丝钉的角落，静下心来，揣摩这个社会的运作规律，同时，慢慢寻找自己真正的兴趣点，以及占领这个兴趣点所需要的知识结构。在如今这个资讯四通八达的时代，我不觉得非得上大学才能学到知识。公交车上、办公桌上、卫生间里，都可以学习。用电视剧《士兵突击》中的话说，只要"不抛弃，不放弃"，理想与兴趣是不会随着你找了什么工作而消失的。

对于找不到薪水高的工作的毕业生，我的建议是卧薪尝胆，寻找免费实习。实习是接触社会的一个途径，也是另一种学习的方式。但是如果在大城市，这意味着每个月至少需要 1000 元的生活费支出，而且是在吃住条件相当艰苦的条件下。对于没有思想准备经历这段阵痛期的年轻人，我不建议这么做。但对于能够度过这个困难时期的年轻人来说，这个社会将张开双臂欢迎你。

穷专业，富专业

以前我写过一篇文章《穷学生，富学生》，这里的“穷”与“富”，指的是家庭总财富的绝对值，是客观的财富描述。但“穷专业”与“富专业”中的“穷”与“富”，则是人们根据各专业所对应的行业薪资情况总结出来的主观推测。比如：金融业所对应的国际金融专业，房地产业所对应的房地产研究中心等等，被认为是“富专业”，而哲学系、历史系、数学系等专业，则被认为是“穷专业”。

在一场有关董潘教授的“40 岁没有 4000 元，别来见我”的电视讨论中，有位力挺该教授的 80 后说：董潘教授的这番话，对应的是将来有潜力成为房地产行业的高管们，当然可以这么说。他又不是对历史系、哲学系的学生这么说的。这话背后的逻辑就是：因为是房地产业专业的高管，当然有能力挣 4000 万元；历史系、哲学系嘛，就不要来凑热闹了，4000 万元与你无关。用这样的逻辑，几乎可为大学的各专业来个财富指数排行榜了。第一名:房地产专业,40 岁之前财富指数 4000 万元;第二名:金融专业,40 岁之前财富指数 3000 万元……在这种语境下,专业所涉的领域区别被淡化了,而专业所代表的行业盈利指数,则被夸大了,与中国当下的“一切向钱看”的风气倒是很相衬。

其实在西方,专业也有“穷富”之分。工商管理、工程计算机等实用性强的专业,被认为容易找到薪水不错的工作;艺术史、哲学社会学之类的实用性较差的人文学科,则意味着不太好找工作。我有位在美国读社会学硕士的朋友,就被学校的就业咨询部门劝说去读工商管理专业,因为感觉出她有迫切的就业需求。当然如果你有经济支持,不需要马上赚钱,也可以选择在“穷专业”里满足精神需求。

单单是穷与富,其实并不可怕。就生活水准来说,无非是你买 1 万元的名牌包,我买 100 元的仿皮包或布包。如果动动脑筋,还可以把 100 元的廉价包打扮成环保者的生活方式,显得很清新脱俗、很高尚,反而显得那 1 万元的包有庸俗的“暴发户”之感。但若是在“钱”字当头的中国,穷与富,便会幻化成人格与尊严的不平等,会被类似的话语歧视或伤害,比如:“这话又不是对历史系、哲学系的学生这么说的……”比如:上海玲珑餐厅或陕西南路鞋店老板、老板娘经常对顾客说的“没钱就不要进来”之类带侮辱性质的话语。而最可气的是,这种连发票都不提供的店家不仅不会被罚款,不向消费者道歉,反而会被一些人追捧,因为当看到别的消费者被讥讽时,会让他们产生“我们买得起”的优越感。

受了侮辱的消费者或学生们找不到渠道争取公正待遇,反而要忍气吞声地承受这种歧视——算了吧,谁叫我穷呢?要不怎么连温总理都在呼吁"要让人民生活得更有尊严"呢?通常的情况是,缺什么才吆喝什么。

那么是不是房地产、金融专业出身的人就一定富,哲学社会学的毕业生就一定穷呢?这种逻辑好像很不通。我一向反对以专业决定行业。就拿我们新闻系同班同学为例,如今依然奋斗在新闻专业的,已经不到一半了,一多半人,有的成了专业投资人,有的成了独立艺术工作者,有的成了自由职业者,也有不少在外企做市场和销售。我相信其他专业也类似。不久前,我问一个上海戏剧学院表演系的本科应届毕业生:你们表演系当演员的比例有多少?回答是:不到40%,60%以上的人转行了。更何况,房地产行业的从业人员,也不是个个都有4000万元身家,个个都能到董教授那儿就读的。

当然,如果你被那些"专业决定行业""行业决定财富"的人吓怕了,也许真的会从内心滋生出一种专业自卑感。就像我收到过的一名哲学系大学生发来的邮件,挑衅地质问我:哲学系人的人适合做记者吗?就凭这句话,我觉得这位同学的哲学就没学好。谁说过哲学系的人不适合应聘记者了?又有谁敢说这样的话?恐怕是他自己这么想吧。这绝对是专业自卑感的体现。而在这种专业自卑感形成的过程中,董潘教授和那些潜意识里把专业用财富排名的人,难辞其咎。

你好卖吗？

在虹桥机场候机的时候，书店的电视里一位中年男人声嘶力竭地传授“成功秘诀”：不要怕被别人剥削，人家肯剥削你，是因为你还有使用价值……我有两个疑问：一，这种机械灌输的洗脑式的所谓“秘诀”，真的很有市场吗？二，带着“甘于被剥削”的心理来求职的人，会有市场吗？面试官会不会察觉出他们过度克制的受害者心理？他们万一哪天不再甘于被剥削了，会不会拿着刀冲向经理室？

但对他提到的“使用价值”一说，我是认同的。在人力资源市场，你我都是产品，都在为自己寻找更好的买主。

上海大学大一的学生来信咨询专业与就业的问题，他打算在大二时选择自己喜欢的社会学专业，考虑到就业形势，又辅修了工商管理，他想知道，读社会学与工商管理会不会帮助他进入理想中的知名管理咨询公司。在来信中他说:“我不自卑地不自傲,常常幻想成功也想到过失败,不过,我不会放弃我的梦想和追求。”他的来信给我的印象是:目的明确、言语简洁、逻辑清晰、行为直接、态度谦逊,并且作为寻找市场的产品,他在自己“上市”三年前就开始做市场调研,并且愿意免费给消费者试用,将来一定很好卖。

我至今遇到的最好卖的雇员如今正在美国一家名牌 MBA 就读。他毕业于美国常青藤大学的本科,在华尔街投行做了两年分析员,然后希望暑期来媒体单位实习两个月,只为了圆少年时的新闻理想。考虑到他的实习期较短,我选择了另一位履历没他好但实习期更长的“免费试用产品”。但后来我把他发展成为我的撰稿人。他修改文章的速度让我十分惊异,在收到我的建议后,通常在 24 小时内一定能收到他的修改稿。他作为“国际名牌产品”,如此努力地服务消费者,让我这个老一代本土产品很有危机感。事实上我后来有点后悔:当初应该选用他作实习生,然后利用那两个月的时间向他学习一些竞争力才对。他的竞争力很快就被市场证明了,在他写了两篇关于美国投行工作经历的稿件后,有两家中国投行来问他的联络方式。

乐于服务消费者的人总是好卖的。比如畅销书作家史蒂芬·金(Stephen King)。他对他的消费者——他的读者的服务可谓无微不至。在判断一个题材是适合中篇还是长篇时,他会替消费者想:没人会喜欢盯着一个人的命运读 300 页,最后发现他被猪吃掉了。书的初稿完稿后,他会先给几位读者看,然后根据读者的建议修改。有些作家反对这种做法,认为根据读者的好恶来修改作品的行为与妓女卖身相差不大。史蒂芬·金的反驳是:"我绝不会试图改变你的想法。同样,你也可以省下铜版印刷的钱,因为你根本不需要把你的小说拿给任何人看。你大可以把书写完扔进保险箱里就好。"

相比之下,有位英国某名校的硕士生就不太好卖。据他的前同事和前消费者说,他总是希望做管理、策划之类的更高级的工作,而不愿意去跑市场见人。市场需要的是"国美"和"苏宁",他却把自己经营成"百思买",只好倒闭走人了。

时薪 PK 年薪

最近从我的好几位做猎头的朋友处得知，大公司部门总监级的年薪已经高达百八十万元了，而且多是制造业、物流业以及新兴互联网产品行业，金融、财经咨询等行业可能更高。仔细分析这些职位，发现多是大公司、大投资、新兴产品或新兴项目，流程、人员包括产品定位与市场分析都还没成型，需要总监在半年或一两年内招聘并带领一帮年轻人夜以继日地拼命工作，并且一旦项目失败或未达到预期，就面临着关闭项目的风险。

一位几年前就担任类似职位的总监听说这个机会时，并没有表现出想象中的惊喜，虽然她的年薪远低于这个数字。她先是惊诧，然后又冷静下来说："现在选工作不能看年薪，得看时薪。"这位总监在一个稳健发展中的公司，做着稳健发展中的项目。绝大多数时候她都可以准点下班，一周工作 5 天，还可以保证每年的年假。她的前任跳槽去投资银行了，年薪翻了至少 2 倍，但是每天得和美国的客户、欧洲的客户开会，还得在美国和欧洲的客户睡觉时的北京时间做 PPT 文件，算下来一天至少工作 15 个小时，而且还不一定休得了年假。尽管年薪高出数倍，比起时薪来，相差就没那么大了。

普华永道 25 岁女硕士疑似“过劳死”的新闻一度成为人力资源界热议的话题。不管是不是“过劳死”，其父出示的几张出租车发票很能说明问题：她几乎每天都是凌晨回家，推算下来，每天工作至少 14 个小时以上，周末还有可能要加班。大学毕业生在世界四大会计师事务所（简称“四大”）的起薪为 6000 元，比起朝九晚五的某些企业，时薪不仅不高，甚至还更低。难怪据一位名牌大学应届毕业生说，“四大会计师事务所”已经成为经济系学生保底的就业选择。这让我想起 20 世纪 90 年代末“四大”到名牌大学招聘时风光的场面，那时招 5 个人，会有 2000 人报名，被人称为“人才撇脂”，指“四大”把最好的人“撇”走了。在国有企事业单位月薪只有三五百元的时代，“四大”的起薪就是 5000 元，如今国企的起薪到了三四千元，“四大”才微调至 6000 元。这充分说明“人为财死”的硬道理：为了数倍于平均工资的工作拼命，很多人都愿意，至少在一段时期内愿意；为了略高于平均工资的工作拼命，甚至为了更低的时薪拼命，你以为别人是傻瓜吗？

对于像“四大”之类年薪高、时薪并不高的工作,我觉得可以用“工作+学习”的态度对待。有在“四大”工作的人形容这份工作是“用廉价的劳动力来换取经验”,殊不知,在中国的就业市场上,“经验”就是价值,有时比洋学历还值钱。

同样的道理也适用于那份年薪百八十万元、时薪并不算高的总监职位。对需要照顾到生活与事业的平衡且已经有“总监”经验的人来说,也许更加顾虑的是这份工作对私人时间的无情侵略,而对亟须这份工作经验并急于把时间换成钱的人来说,这简直是天上掉的馅饼。虽然时薪不高,但既然有人买,干吗不卖呢?

博士的职场困惑

一位国企博士总经理助理来信说：

自2010年7月份博士毕业后，我在一家小型的国企工作，担任总经理助理，负责公司项目及网站，感觉自己一直没进入工作状态。虽然自己以十二分的努力在工作，五点下班后，晚上我都会再工作五六个小时，但努力的回报并不是自己想要的。诚然，也可能是小地方(单位在北京一小县城)本来工资就低的原因，但也不完全是工资的问题，只是觉得在这样一家企业工作，很不甘心。按说，领导对我也是比较关心的，开什么会都带上我，有时候我就替他去……接触的都是政府官员和企业高层，但心里老有一种不舒服的感觉，什么原因，我也搞不清楚……

仅从博士的信中，我能看到的纠结原因如下：工资不符合心理期望值;对县城的工作与生活环境不甘心;对县城国企的职业前景感到渺茫;对国企管理者的角色尚未适应,等等。

大小城市与工资高低的纠结,是全世界共有的问题。记得我在伦敦遇到过一个来自英格兰北部乡村的农民泥瓦匠,带着老婆来伦敦打工,因为能赚更多的钱。我朋友的美国老板也是在纽约做了几年"纽漂"之后,回到了美国中部家乡的一个只有几万人口的小城市,在这个小城的几家大企业之一做了高管。因为在纽约工作过,她被这个小企业当作杰出人才来对待。我相信在不久的将来,等到大公司深入中国二三线城市发展时,"京漂""海漂"们,也将被当作香饽饽来对待。

而中国特有的选择则有:体制内的公司和体制外的公司;户口所在地与非户口所在地;公务员与非公务员等等,不同的选择不仅意味着薪酬与福利体系的重大不同,也意味着公司文化与个人价值体现方式的重大不同。

我在北京上海的朋友中,有不少人至今还没有解决户口问题。有位在事业上颇有成就的人对我抱怨:"知道吗?我现在甚至都够格申报香港'优才计划',成为香港人了,北京还是不给我户口。"而户口在幼儿教育、买房等关乎家庭重大事项中的作用,又是那么不可或缺。除非你已经有钱到可以不计代价让孩子从私立幼儿园一直读到私立大学,否则户口就会成为一道家庭难题。因此我向来对"漂一代"们充满敬意。他们至少在"勇气"这一品质上，就已经超越了众多因"户"而退的同龄人。

前两天碰到一位老教授，言谈中多有"只有体制外才能培育出真正的精英与人才"之类的话语。我对此深表怀疑，尤其是体制外的公司非常不被应届毕业生待见的眼下。精英到处都有，只是在体制内外需要适应的生存环境是极其不同的。一位在英国读书并工作的中国人意欲回国，也有中国国企邀他加入，但开出的薪酬与他期待的相差甚远。我向与他的目标职位相似的中国国企人求证了一下，后者说：台面上开出来的是只有这些呀……大概这就是"生存环境"问题中的一个例证了。一个习惯了把生日那天公司送不送蛋糕这种细节都事先了解得一清二楚的人，能不能适应在很多事都是"你懂的"的环境中工作，是个很大的问题，两个体系中都有精英，在各自的环境中待久了后，能否再适应另一个环境，就说不定了。

因为有很多人来信问类似的问题，我所能提供的就是我对这些问题的理解。至于做决定，那是你的事。

高薪低就容易吗？

有个自己开外贸公司的老板，在受经济衰退影响关闭歇业一年后，准备出来找工作。这一年中，他做足了思想功课，完成了从创业者做回打工者的心理准备，本以为凭自己的经验和人脉，在大公司做个业务经理甚至业务主管应该没什么困难。结果转了一圈后发现，你愿意屈就是一回事，人家肯不肯接受你的屈就是另外一回事。对大公司 35 岁左右的部门总监来说，谁愿意找个经验和履历都不在自己之下的人当下属呢？招这样的人进来，谁管理谁呀？

与这位不幸的创业者有着相同境遇的是一些大公司的前高管们。同样是在这波经济衰退中，一位年薪 70 万元的外资银行被裁高级职员在花了大半年调整心态之后，对周围的朋友说："有工作机会帮我留意着。"不久就有人传话过来："有朋友做个咨询项目，需要人手，月薪1万元。”前高薪银行家大跌眼镜：“什么？才1万元，最少也得2万元吧。”本以为心态已经调整到最低线了，跳到残酷的市场浪潮中才发现，原来没有最低，只有更低。

即使不被全球经济形势波及，高薪员工也容易被公司经营状况牵连。一家美资公司为了节约开支，直接就把中国区的总经理裁掉了。据说他一个人的年薪就高达100多万元，抵得上市场部和销售部两个部门所有员工的年薪总和。而他的“再就业”工程，也随着在华外资企业的阴霾期成了个疑难杂症。这让我想起另一位被裁高管。赋闲在家两年后，拜猎头公司所赐，到另外一家外企的高管层混了几个月后，再次被排挤，如今依然没有职业方向。

曾经的高薪高管，在年届四十之际一脚踏空后，应该怎么运作自己的职业前程呢？

一，向国企、民企挺进。放下身段，与其做足心理准备从原来外企的高管层下降到外企的经理层，还不如把外企的工作经验拿到国企、民企去变现。眼下，外企的管理制度和经验对国企和民企来说还是有价值的，等到更多的人认识到这一点，那么就连这点经验都要开始贬值了。熟谙打工技巧的唐骏正是走这条路的先驱。

二，创业。利用职业积累满足一下多年来蠢蠢欲动的做真正老大的欲望，也是性价比极高的一条道路。好处一，这个年纪再不创业，以后的机会更加微乎其微了。好处二，品尝一下创业之苦，可以让当年拿着高薪的坦然变为虔诚,以后再拿同样的薪水时会增加不少幸福感。同时能够领悟出,原来高薪的人并非一定高能。

三,改行。我发现曾经在另一个行业有过辉煌业绩的人,在一个全新的领域里更容易引起别人的瞩目,尤其是这个新行业属于那种梦幻工作时。比如,金融家去开香草农场;网络工程师开葡萄酒品鉴课堂;精算师从事幼教行业;等等。当然,你需要准备一个美丽的故事来解释你的转行,比如:生完孩子后,我发现我根本不忍离开他,一刻也不想,索性在家里全职教他,结果发现自己深深爱上了这一行……在改行成功后,这将成为一个动人的品牌故事。

当资历成为累赘

一位“奔四”的女区域经理对我说：“我一直在想着万一失去这份工作我还能做什么，要知道，年龄对于我们这些人来说，不是优势，而是劣势。”

她的论断已经在另一位前外贸公司业务总监身上应验了。这位业务总监自 2008 年经济萧条公司裁员后，就一直没找到合适的工作。据说原因和“三高”剩女择偶一样，是高不成，低不就。她看得上的，人家要么看不上她，要么觉得她要价太高；看得上她的，她又嫌人家不够格。其实在我看来，这位“前总监”的处境甚至还不如“三高剩女”，后者主要是因为择偶条件太苛刻，稍微降低一下，市场就一片大好；而职业市场对高龄前总监们来说更冷酷，就算你甘愿降职降薪，也得看年龄和你差不多甚至比你小的副总和总经理们愿不愿意给自已找个大龄下属。前业务总监依然处于这种尴尬状态中。他一直以为自己愿意降职降薪在比自己小的领导手下就职,已经是做出了巨大努力,没想到现实是,精英小辈们觉得接收这样的老江湖下属对自己来说需要付出更大的努力。对他们来说,还不如找年纪更轻的下属,听话、好带,并且便宜。

在中国邮局全面电脑化的那段时间,我曾经对一位看上去约四五十岁的工作人员发过火。我赶时间,他却不紧不慢地在键盘上寻找着我名字的拼音字母,而且很明显,他根本还不记得每个字母在键盘上的位置。不过我马上就换位思考了一下,不知道我到他的年纪,会不会像他一样被市场嫌弃。这位师傅如今应该已经不在这个岗位上了,据说现在坐在邮局电脑前的都是年轻人,手指在键盘上像溜冰一样滑顺。这充分说明,专业技术跟不上时代,被年轻人替代是必然的。

但我周围的待业经理和总监们则不属于这一类别。他们大多人脉深广,思维敏捷,处事圆熟,电脑功夫过硬,并且对新鲜事物依然充满激情。问题出在自我定位上。有的人希望40岁时再有所突破,于是放弃稳定的工作,攀高枝去了,而后重重跌落谷底,想回到原来的位置也不可能了;有的则自视甚高,觉得凭自己的资历和经验,怎么也比市面上这些正当红的小屁孩强吧。正是这种“不甘心”的心态,造成了资历的贬值。谁愿意雇佣一个满腹委屈的总监呢?

创业,是这些渴望更上一层楼的“奔四”人士们不错的选择。一方面,可以把自己的经验、人脉、管理等能力和资源来一次全面整合,更重要的是,可以体会到做生意及赚钱的不容易,并且在招聘员工的过程中深刻反省当初“高不成,低不就”的尴尬心态。创业成功当然最好,实在不行,估计当初的心气也被磨平了不少。重新考虑被雇佣时,也许就不会那么“委屈”了。

你有几张名片

现在有多重职业身份的人越来越多了。

最常见的是商务人士跨界公益组织。我见过的有大学教授开办动物保护组织的,比如北大的吕植女士创办保护大熊猫的山水中心;企业家创办公益组织的,比如软件业的戴剑飚先生和他的听道讲坛,等等。

当然更多的人不是在创办组织,而是在参与活动。经常有朋友见面,发给我另一张新的名片。有的是乡村教师培训公益组织的联络人,有的是网络电台的播音员等等。以至于有时打电话谈事时,首先要说清楚他这次代表的是哪一个身份,免得我们不在一个频道上。

其次则是横跨产业链上的数个环节的。比如我认识的一位葡萄酒经销商。听说我是位葡萄酒爱好者时,他先是递给我一张经销商的名片,名片上标有他代理的多个葡萄酒庄;后来听说我是位编辑,也在寻找包括葡萄酒评论人等各类作者时,他又递给我一张葡萄酒行业报纸的兼职记者的名片,上面标着他所撰写文章的网址等。这让我一时很迷惑。搞不清楚他到底是写葡萄酒更专业,还是卖葡萄酒更专业,还是两者都不专业。

更多的人则是出于兴趣,或者是为了挣外快。我见过一个神人,当他作为市场营销总监向我展示他们的产品有多创新时,为了进一步加深我对他的印象,竟然说了一句:“姐,其实咱俩是同行。我的正职是福建一报纸的外派记者。不骗你,四金都是他们交的。”这句话在第一次见面的时候讲显得十分唐突,让人不知道是该更信任他,还是更不信任他。

尽管这其中某些“多重职业”颇具“中国特色”,有些甚至涉及违规的黑灰色地带,但在规则清晰的范畴内,职业人还是应该积极开拓另一个活动空间,为自己的能量多创造一个释放的平台。

一来,职场新人的升职空间相对小了,这种情况在大公司尤其明显。那么与其满腹牢骚地把精力低效率地耗费在正职上,不如多快好省地做好那个初级工作,然后把时间节省下来点亮另一个职业身份。

二来,多重职业身份的人幸福感更强。比如搞乡村教师的那位朋友,和我在一起,他就谈商业模式;和大老板们在一起,他就谈公益事业的管理。这样他可以在多个平台上为自己找到更高的地位。我有位好朋友业余时间热爱表演。她立志成为商界里最会表演的,演员里最会经商的人。这种身份定位,可以为一大群苦于爬不到总经理职位的资深专业人士开辟出直达幸福的快车道。离开公司后,他们有资格这样评论总经理:"他就只会工作,有什么意思啊。"

三来,这可以解决那个"兴趣与工作"的经典问题。做一个不太喜欢但可以挣钱的工作;再做一个很喜欢,但不挣钱甚至还需要花钱的工作。

剩下的需要担忧的问题,就是时间的稀缺了。拥了多重职业身份后,你会发现,等人的时候,去洗手间的时候,吃饭的时候,包括上班时间上网的时候,都可以变成其中一个职业身份的工作时间。这样的好处是,你再也没有时间去发现自己不幸福了。

待业的洋 MBA

任职过出版社排版部经理以及技术会议策划的墨尔本大学 MBA 先生,在回国后屡次求职失败。

“我应聘过一家国际财经媒体的 conference executive(会议专员),一份和我过去的活动策划相近的工作。但在无数个石沉大海的日夜等待后,我选择了他们公司另一份工作 market analyst(市场分析员),直至今日没有收到任何回应。”这让 MBA 先生十分不解,他在信中说:“财经媒体多少是了解一些 MBA 学生的课程和学习特点的,而 MBA 课程中众多市场调研的科目,也让 MBA 毕业生十分胜任这样一份工作。”那么 MBA 先生的问题在哪里呢?

我数了一下,在他的信中,一共出现了 7 次 MBA。这让我想起了一位同样是洋 MBA 的销售总监跟我提到过的发生在他自己身上的一个笑话:他在与公司总部来的一位高管吃饭时,提到某位竞争对手公司,MBA 销售总监下意识地就开始分析起了对方的 SWOT(Strengths,Weaknesses,Opportunities,Threats)。高管笑了笑,对他说:“MBA?”他当时骄傲地回答:“Yeah.”过了一段时间后,他才意识到人家是在揶揄他,而他动不动就搬出 SWOT 模型,真的很傻。因为对总部高管来说,也许更希望中国同事跟他说些中国趣闻或者他想了解的业务详情,而不是跑到中国来上一堂 MBA 课程,还是自己的下属给自己上的。

对于一个缺乏工作经验的洋 MBA 来说,恐怕目前最重要的是找到一个基层岗位,迅速让自己接上地气,然后再考虑利用自己理论和概念上的优势帮自己走上快车道。

虽然我没读过 MBA 课程,但凭我的职业经验基本可以判断出这位洋 MBA 先生为何会不受待见。首先,国际财经媒体的人员编制一般相当少,需要的是从业经验非常丰富的资深专业人士,他们没有多余的精力来培养人才,但很乐意提供一个好的平台让专业人士尽情发挥。而经验,恰恰是洋 MBA 的短板。其次,我很怀疑洋 MBA 学历在应聘相对低的职位时能发挥到良好的作用。华为公司曾反省过阻碍公司发展的弊病之一是“俄罗斯套娃”现象。就是部门总监在招聘下属员工时,更倾向于找学历和从业经验都不如自己的人,如此层层递减下去。根据我的观察,这种现象不仅仅华为存在,是人都有这种心理。当然也有例外。自信心爆棚的老板或者自卑心爆棚的老板,都有可能雇用学历比自己高很多的人。我也见过不少这样的例子。一位民营企业主不仅雇用了好多博士、洋 MBA,还雇用了洋人博士和洋人洋 MBA,以证明公司的实力;还有一位公司高管在会议上问了一圈下属的学历,然后笑一笑说:“你们都是名牌大学毕业的,我当年也想考这些大学,可惜没考上。不过,现在我的手下都是这些大学出来的学生……”

所以,不要把目标集中到人员编制少的名牌公司,而是要扩大目标市场范围;也不要过分渲染洋 MBA 学历的光环,更不要对 MBA 的消费者——雇主们解释:“你们是懂财经的,应该了解一些 MBA 课程的特点吧。”而是要充分顾及消费者的心理,多讲讲自己做过的实事,满足消费者的需求。在这种谦逊有礼、脚踏实地的态度的支撑下,我相信还是有不少雇主是愿意消费洋 MBA 的。

你还敢读商学院吗?

什么东西都可以被妖魔化。以前是高尔夫会所,后来是电影学院,再后来是茅台,现在是商学院。

我周围有太多读过 MBA 和 EMBA 的人,我老公是,我好几个女朋友是,我的不少大学或高中同学也是。但我交往的朋友中最有钱的一个却不是。此人是女性,福建商人,做贸易的,身家过亿元。每当她和这些 MBA 们坐在一起,谈论各种商机时,就会感慨:还是你们这些读过书的厉害。你们讲的这些分析和理论,事情我都遇到过,但我就是总结不出来。

是的,她不会总结理论,更不会写商业计划书。她只会赚钱和管理公司。

看到朋友们高谈各种商业理论,她觉得很高雅很体面,也有去读

(E)MBA 的念头。但公司运转离不开她,这个愿望至今没实现。

如果绝大多数人读 MBA 是希望找个高薪工作的话,那么她的确不必去读了。以她的实力,过几年没准都可以投资一所 MBA 学校了。她的目的显然不在于此,而是希望借此补补课,让自己与那些读过书的人拥有同样的表达方式。

我有位女朋友在读 EMBA 的时候碰巧和某著名电视主持人同班,她惊诧地问该主持人:"你是做综艺节目的,读这个干吗?"对方回答:"瓶颈期,求转型。"看来 EMBA 之所以价格高昂,与它所承载的高期望值有关。结果这位名主持人毕业后继续做综艺节目主持去了。我没觉得她的主持技艺好了多少,但她的自我感觉肯定不一样了:我是个 EMBA 主持人! 那个张石、王石什么的跟我是同学! 这多少能给人带来一些额外的自信。

这让我想起在台湾综艺节目《康熙来了》中看到的一幕:艺人阿雅去美国学表演。小 S 在节目中嘲弄地问她:"你学到了什么? 举个例子给我们看看。"阿雅就举了一个学习如何表达某种情绪的例子。小 S 大喊:"你本来就会啊! 干吗还要去学?"阿雅说:"不一样的啦!"

当然不一样。一个是花了学费的,一个是没花的,肯定不一样。此外,跟着饱学之士浸淫一两年,并且和同样有经历的人切磋许久,视野也会有所改变。这些可能性总是有的。但也只是可能性而已。

我的一位女朋友通过读 EMBA,还真认识了不少大款同学。她已经连续两年让大款赞助场地开生日派对了。我们一帮朋友也可以在音乐香槟的陪伴下,免费相聚。EMBA 究竟在事业上给她带来了什么,现在还看不出来。但这个大款同学,的确是优质副产品。然而这个优质副产品的保质期有多久,就又搞不清楚了。

但副产品依旧是相当诱人的。这就是为什么中国会有 MBA 专业户了。读完中欧读长江,读完长江读交大,读完交大读复旦,越是收费贵的总裁班越是要去,费用嘛,就从公司业务拓展或市场营销的预算中出。这个时候,MBA 班就成了一种社交平台,想来一起听听著名经济学家的课,可能成了比一起打高尔夫球更时髦的休闲活动了吧。

给你可能性,但究竟可能还是不可能,不一定。这大概就是商学院的魅力吧。

从经理人到小微企业主

最近见到一位当年叱咤风云的职业经理人，如今在高科技领域创业，公司现有7名员工，还没有什么营业额，属于典型的小微企业主。问了一下才知道，这已经是他离开那家著名跨国公司后开的第三家公司，前两家分别经营了一两年就关张了。

一个投资人告诉我，90%的小微企业活不过一年，斯坦福商学院一位教授的版本则是，70%的人第一次创业会失败。

尽管如此，从大公司高级职员转身成为小微企业主仍是许多经理人的梦想。

但因为听见与看到了太多小微企业主或其家人的故事，我觉得这种转变不仅仅是个人职业或事业发展过程中的里程碑事件，更是生活与家庭的一次历险。因为有前面两个险恶的百分比为前提，作为创业者与投资人,与其说这是一次商业投资,倒不如说是一次消费,一次为了实现个人理想抱负与丰富人生经历的奢侈消费。

这种人生经历是CBD装修豪华的写字楼里所缺乏的。虽然跨国公司像是一条航空母舰,但包括船长在内的所有船员,只能看见自己工作台周边的风景,这艘航母虽然风光尊贵,却与你无关;而小微企业虽说只是汪洋中的一叶破船,你却是舵手和所有者,这船能走多远、能颠多高,会不会被浪打翻,都是你自己意念的结果。这种刺激与兴奋,不是航空母舰给得了的。更何况,破船在理论上也有成为航空母舰的可能性呢!最讨厌的是,充斥财经、时尚、城市媒体版面上的,往往是那些把破船开成了航母的人,营造出一种人人都能做到的幻象。

但现实是冰冷的。

一位当年的大公司部门总监,如今的小微企业主曾对我说过这样一件事:快过年了,其中一个富裕一点的合伙人拿出3万元钱,给另外两个合伙人每人一万五千元,算是私人借款。他说:"我一年没往家里拿回过钱了。"虽然家里也未必需要这钱来解燃眉之急,但过去的经济主力如今变成补助对象,是家庭必须面对的新状况。而且这新状况究竟需要维持多久也不可预知。

不往家里拿钱还不算最坏的。一位女朋友是小微企业主的家属,她向我抱怨:老公想把房子抵押借款,以缓解企业的资金链危机。谢天谢地,她老公没有背着她去借高利贷。

最糟糕的情况我也见过:因丈夫多年经营小微企业不见起色,引发夫妻争执,导致不合,最终离婚。讽刺的是,把小微企业经营成中小企业或者中大企业的,家庭关系未必就越来越好,甚至可能更糟。一位原先的资深白领,后来的小微企业主,现在的中型企业主,已经给太太和孩子办了移民。他则留在国内,与情人和私生子共度"美好人生"。

从这个角度看,从大公司资深白领转型为小微企业主,不仅是个人发展问题,更是一个婚姻问题及家庭问题。

按照那个悲观的百分比,应该有不少职业经理人从航母跳到小破船上后,最后又回到航母上去了。但我认识的人中,这种人比较少。大部分都还在小船上苦苦支撑着,或者这艘船沉了,再换一艘船。

但我的一位小微企业主女朋友对我说:"你经营过自己的企业后,就再也不想回到雇员的状态了。看到自己的意志统领全局的感觉,真是太妙了。"

我想除了统领全局的感觉美妙之外,可能还需要战胜个人的虚荣心并且很好地抚慰受挫的自尊。谁愿意承认自己是个失败的创业者呢?

这位女朋友的企业已经在前年因资金链断裂关了。在过去的一年半里,她一直在忙于整合各种资源,寻找新的创业机会。我问她,就没有想过重新回去打工吗?她坚定地摇摇头说:这是条不归路。她当然有能力回归,只是她的心已经回不来了。

自己做还是给别人做

一位男白领在提到自己女朋友的工作时，有点不屑地说：她在网上开小店，卖卖衣服什么的，打发时间而已。我很想提醒他，当初“江南布衣”的老板娘也是开个小服装店卖衣服，在生意不好的时候，自己设计出几件衣服挂在从外面批发来的货里一起卖，从而杀出一条血路的。

最小的网店，也是自己的生意；最贵的什么领，也是给别人打工。这是所有权性质的不同，不是用金钱能衡量的。

这两年，我身边的亲友中，越来越多人加入了“自己做”的行列。相当一部分人是遭遇事业瓶颈期或因故从公司离职后，趁机将潜伏已久的创业梦想付诸实施了。人都是有惰性的，很少有人能义无反顾扔掉一块收成良好的地，转而去种一毛不拔的荒地，尽管那块好地是租别人的，而那块荒地是自己的。在我看来，“趁机”创业还有点像站在蹦极的台子上却不敢往下跳，最后被教练一脚踹下去的情形。但主动开始还是被动开始并不重要，重要的是“开始”。

有位叫嚣了多年要“自己做”的朋友，最后真的“趁机”自己做了之后，从包里掏出一个小本子对我说：给自己做之后，我才有了这个小本子。如果后面两天的日程不够满，心里就开始发慌，马上就开始想着要去见什么人，谈什么事，一定要把日程填满才踏实。

“自己做”还意味着没有边界的变数。我认识的一个白领，从公司离职后的十年间，在淘宝上卖过化妆品，和别人合伙办过幼教，做过移民的生意，如今又开始做网络营销了。他虽然从未透露过收入，但从他换车的速度应该看得出，这两年收入还是颇为可观的。

也有“自己做”了两年又乖乖回来打工的。用一位自己做得比较成功的人的评价，这些人不适合“自己做”。原因一：比较懒。生意不好，不出去找项目、找合伙人，而是坐在家里等着天上掉馅饼；原因二：死脑筋。此路不通还不懂得变通，出了问题却坐以待毙；原因三：留了后路。“大不了回去打工”的想法，成了往前冲的最大阻力。

70%的人第一次自己做的时候都是以失败而告终的。这个数字应该可以吓退不少蠢蠢欲动想自己做的人，也同样可以使濒临失败的创业者感到欣慰——原来自己一点也不孤独。因为目睹过身边的亲友在创业路上的跌跌撞撞，我对任何已经着手自己做的人都心怀敬佩，不管他们是刚刚开了工作室还是网店。打工的人大多会面临天花板困境，职位再高，也得领悟董事会的意思，但自己的生意总有无限可能性，而且自己是最终的决策者。在我看来，这才是自己做最刺激的部分。

在英国当老板很窝囊

我曾与仰慕已久的英国同事、英国《金融时报》知名专栏作家露西·凯拉韦(Lucy Kellaway)共进午餐。我发现这位以机智、犀利、幽默著称的职场专栏作家关注的问题,与我有很大的不同。而欧洲职场与中国职场的区别应该是最重要的原因。

比如她问我:在中国,老板会不会被要求学习“People Skills”?经过她不厌其烦的解释,我才明白“People Skills”的含义大约相当于“人性化的领导艺术”之意,其要旨是老板得根据员工个性的不同,使用最能被每个人接受的方式进行领导和管理,因为这样才最有效率。这意味着,老板得花大量时间研究员工的个性和行为方式。而在中国则恰恰相反,职场书籍都在教员工如何研究老板,有的老板甚至叫不出员工的名字。

而那些喜欢怒斥下属的中国老板们更要注意了。根据露西的介绍,在英国如果有老板敢对下属 Shout(吼叫),这位老板会被送到管理学校学习情绪管理课程,如果他是 MBA,当年已经学过了,那么请再学一遍,感觉像是驾驶员严重违章后被罚上驾校课程。而据我在中国的所见所闻,不要说 Shout 了,中国有的老板可以当着全办公室同事的面骂下属:"你是猪啊! 脑子怎么长的?"而做下属的除了低头聆听外无计可施。你当然也可以冒着被解雇的风险骂回去:"你才是猪呢!"但据我所知,这样的英雄很少。

英国老板被如此"优待"的原因是,公司董事会和更高的管理层认为,让员工保持愉快的心情工作,不仅有利于提高工作效率,还能够维持员工源源不断的创造力。

很可惜中国的创意产业还没有发展到这个程度。而对其他产业来说,经理人们热衷于上 MBA 或者 EMBA 的缘由是为了学习树立威信、更懂得管理、结交人脉,而不是为了反省自己的"People Skill"是否欠缺。现在中国职场的畅销书还是《执行》之类的管理宝典。更多的人信奉的是:一个聪明人领着一群认真而不那么聪明的人是效率最高的组合。在公司初创时期,这也许是对的。但当公司发展到相当规模而需要不断引进职业经理人,并且防止品牌因老化而被历史淘汰时,让经理人们学学"情绪管理"并提高一下"People Skills"也许是个不错的手段。

我想象着在英国当雇员的种种好处：可以有个性地工作，晚上回家陪家人而拒绝公司晚宴，用露西的话说："我才不会管它是什么级别的公司晚宴呢，当然是要回家吃晚饭。"他们可以理所当然地拒绝在周末举行的员工团队建设活动；老板音量略微提高时，可以向公司投诉他，并提议让老板去学习"情绪管理"。相比之下，显而易见，在中国当老板的感觉好太多了。

跟着工作漂泊

在上海英国领事馆文化教育处主办的一次讲座上，英国建筑设计师马克·戴萨姆(Mark Dytham)讲述了自己的从业经历：1988 年，他从英国皇家艺术学院毕业时，凭借毕业设计获得了奖学金，决定在就业前去日本旅行，顺便看看能不能找到工作。他在安藤忠雄的事务所实习过，又获得了伊东丰雄事务所的工作合约，几年后，在日本成立了自己的事务所。本来他只计划待 3 个月，等到奖学金花完就回英国的。这一待，就是 20 年，如今这个英国人自称“东京建筑设计师”。

在“逃离北上广”话题正热门时，上海有一种“硬盘”和“U 盘”的说法。前者指的是死都不离开上海的人，后者则是哪里有更好的机会就到哪里去的人。我因为力挺后者，甚至宣称“即使是上海人也应该哪里有更好的机会就去哪里”，招致了不少非议。本来我以为这是相当“政治正确”的话。

直到在上海华尔道夫酒店开业时遇到不少“纽约人”时，我才意识到自己错了。

通常“纽约人”都不称自己是“American”，而是“New Yorker”。在高雅的华尔道夫酒店，我惊讶地发现那些看上去幽默谦逊的“纽约人”们，有很多是第一次来到中国。拜托，那时已经是 2012 年了，中国在国际上红了这么久了，以至于 GDP 增长都要开始放缓了，机会越来越少了，他们居然现在才来？

正因为全世界的人才和机遇都集中在纽约，“纽约人”们才不愿意离开这块宝地，更无暇去纽约以外的世界寻找机会，即使纽约的机会在全世界人才的竞争中已经变得万分昂贵。盗用顾城的诗句“黑夜给了我黑色的眼睛，我却用它寻找光明”，这种状况可以形容为“纽约给了我世界的视野，我却用它锁定纽约”。

这是某些“大城市人”的遗憾，同样也是某些“小地方”人的机遇。如今互联网正在打破地域导致的视野局限，一旦走出那个“小地方”，他们将收获整个世界。这应该是平等、自由的人类的普世追求的一种体现吧。

我周围的很多朋友都在跟着工作漂泊。有从广东漂到上海又将漂到香港去的，有从巴黎漂到上海又漂到重庆去的，还有一个荷兰人带着一家人从荷兰漂到杭州。他跟我说:因为荷兰太小,不仅要与海洋争夺土地,荷兰人也养成了走出去寻找机遇的传统。这个传统从当海盗开始。

最近看到江南春、邵亦波为猎聘网拍的视频,江南春嫌现有的猎头公司的人才池太小。他恨不得把全世界的人才都聚在一起任他挑。这应该也是全世界 CEO 们的想法。这也就意味着,如果你的事业心足够强的话,你要时刻准备着在世界各地漂泊——中国公司正在全世界并购企业,中国人才被派驻世界各个角落的机会越来越多。

而后你会发现,家庭、爱情、兴趣以及乡愁等等,都需要作为"工作"的附件一起跟着转移。或者,被割舍,然后通过其他方式弥补。

大城市人当然可以选择继续当"硬盘",只是不要慨叹机遇不光临你。毕竟"硬盘"比"U 盘"更昂贵。

什么是真的人脉关系

有个职场新人在面试的时候排出一个大名片簿,指着上面的总裁们、CEO 们说:虽然我刚出来工作,但我的人脉很广。

他没拿到这份工作。面试他的人对我说,我们想招一天能给 100 个业务主管打电话的人,而不是和老总们把酒言欢的人。

我觉得这个年轻人手中的名片簿还是有价值的,只是他用错了场合。最佳使用方法是,跟同行、朋友或者亲戚闲聊时,不经意地提一句:那个张总裁、李 CEO,我认识,然后就在别人羡慕的目光中自我陶醉吧。或者,把这张名片信息当成礼物送给急需它成就生意的人。事实上这本身已经变成了一种生意。地铁口的地摊上就有卖这种所谓人脉资源光盘的,总裁级的,100 元一张;总经理级的,50 元一张。

这种有过一面之缘然后互换了名片的结识,其实算不上人脉。只有当双方互相需要时,这张名片纸才算起死回生,成为人脉。

有个资深娱记手里有几乎所有中国一二线明星的联络方式,曾经很让新入行的娱记眼红。她曾经很骄傲地对我说:“就算我把这本子复印了给他们,他们也未必派得上用场。”她的意思是:有联络,没交情,也没用。但我不这么看。明星与娱记的关系,其实归根结底是明星与媒体的关系,也就是产品与市场推广的关系,在这个层面上,交情深浅其实是次要因素。

其实不单娱记是这样,对公司职员来说,那些商务人脉归根到底都是公司与公司的关系。一旦你离开这个行业,或者离开了大公司创业,会突然发现以前那些热络的“人脉”都变得陌生起来。

然而若是人脉深到一定程度,深到已经可以跳脱出公司与公司的关系,转而在更深层面利益合作时,就又不一样了。比如有的娱记跟人合伙开了经纪公司,与明星的人脉就由媒体合作升级为事业合作伙伴了。

但在一个职业人的诸多深深浅浅的人脉关系中,真正能用于商务开发的,只有很少的一部分。更多的还是潜在的人脉:同学、朋友、同行、相同兴趣爱好者等等,可以分享话题和喜好,可以互通信息,可以让情感变得愉悦,可以在愉悦中增强信任,从而可以分享人脉和资源。

把没有利益关系的友情人脉变成有利益关系的商务人脉，是有一定风险的，若不小心行事，很可能不仅生意做不成，连朋友都没得做了。

可对以事业为重的人来说，人脉的目的就是业务往来，而经不起利益考验的人脉，就像不合格的瓷器一样，只能被淘汰。在这种事业狂的人脉关系图中，每个人都只是商务人脉：同学是竞争对手或合伙人；打球的球友是业务咨询顾问；亲戚是潜在投资人；太太是出纳；孩子是潜在目标消费者……在北京、上海这样的地方，经常出现这样的场面：你以为去的是同学聚会，到那儿才发现，原来是个商务咨询会，你只是作为一个业务咨询顾问的人脉出现。即使明白过来原来自己是被老同学利用了，老同学大多还是会倾囊相助，因为这人脉有足够的时间厚度。

直到需要把人脉变现时，你才会发现，平时没有抱着功利目的交往的那些人才是最好用的。可现实中的情况是，有的人结交人只求趣味，交情再深也从不变现；有的人结交人只求功利，谈不上有什么交情就急吼吼地去变现。某种程度上，你是什么样的人，就造就了什么样的人脉。

银河系成功操作指南

经常有读者来信，建议我在文章里提供些具体方法，当然是走向成功的具体方法。很遗憾，我做不到。按我的理解，“成功”是个性化的概念。你认为邓文迪很成功，我觉得她不过是一位成功男人的太太；你认为门口回收二手电器的人很失败，我却很可能觉得他工作与生活平衡得很好，脸上常带着笑意，活得比在宝马车里哭的人更成功。连概念都没统一，还谈什么方法？

但中国书市不乏这种操作说明式的书，比如《151个经营时间的快捷方法》《办事三靠——靠关系，靠口才，靠手腕》等等，在我看来，这些书是在试图打造一群没有个性的钻营机器，他们从来不会考虑自己的乐与怒、满足感或尊严感，只知道按照操作说明，一步步迈向那个财富与地位筑就的台阶，而对这个过程中所有个体的情感与精神付出忽略不计。

最近又收到一本类似的书籍《扫除力》,封面的文案是“扫除负面能量+创造正面磁场=全新的自我”。触目心惊。该书作者原来的那个“自我”到底犯了什么错,以至于要被主人抛弃得如此彻底?这本书的主要内容讲的是,把房间清理干净后,你的人生也会幸福,你的事业也会成功。而且书中还有不少“具体方法”,比如驱除负面能量的扫除力的步骤依次为:(1)换气;(2)丢弃;(3)去污;(4)整理;(5)撒盐。依照这样的操作办法真的能让自己焕然一新吗?能让厨房台面焕然一新比较可信,让“自我”焕然一新?还是不要忽悠人了吧。

但在每个人走向“成功”的路上,确实是需要方法的,只不过方法因人而异,一万个人,就会有一万种方法。比如我有位企业家朋友,提到为什么自己总是充满工作激情时,陶醉地说,那是因为她“总是生活在爱情的感觉中”,而这种“爱情的感觉”,其实是臆想出来的,她本人过着循规蹈矩的婚姻生活。一位陷入工作瓶颈期的人问我要不要和他一起去“辟谷”,一听说要好几天绝食冥想,我落荒而逃,而他却坚信这能让他的人生焕然一新,就像电脑被重装了系统一样。一旦工作状态进入停滞期,我就会去游泳,并且戴上防水 MP3 耳塞,一边游一边听平时没空听的流行歌曲,通常游着游着灵感就来了;但我一位同学对这种做法十分不屑,他也游泳,但他享受游泳过程中的水声，并认为我的习惯亵渎了游泳这项运动的真谛。

反正我效率差、情绪低的时候，做什么都不会去做“扫除”工作，那只会让我的状态更糟。事实上，因为我的“扫除力”太弱，桌面太乱，这本《扫除力》的书被压在众多杂志的下面，一开始我都没找到。按照《扫除力》的操作说明“从你的房间可以了解到你现在是否幸福”来判断，我现在生活得很不幸。但“不幸”的我最终还是发现了它，并且决定告诉读者它的内容相当无知并且片面。

对热爱整理房间的人来说，也许能在这本书里找到共鸣。但就算找到共鸣，也不代表你重新发现自我了，或者找到成功的钥匙了。在我看来，与其急吼吼地索要成功的方法，不如先搞清楚自己心目中的成功到底是什么。而当你搞清楚以后，方法也就不言自明了。